W. I. Lenin

—

Der Imperialismus als höchstes Stadium des Kapitalismus

Gemeinverständlicher Abriß

Dietz Verlag Berlin
1988

Originaltitel:
В. И. Ленин
Империализм, как высшая стадия
капитализма
Популярный очерк
© Politisdat, Moskau 1945
© Deutsche Übersetzung: Dietz Verlag Berlin 1946

Der Ausgabe liegen folgende Editionsprinzipien zugrunde: Die Übersetzung der Texte ist der deutschen, nach der vierten russischen Ausgabe besorgten Ausgabe der Werke W. I. Lenins entnommen.
Alle in eckigen Klammern stehenden Überschriften, Wörter und
Wortteile stammen von der Redaktion. Fußnoten Lenins sind durch
hochgestellte Ziffern mit Stern, Fußnoten der Redaktion durch hochgestellte Ziffern gekennzeichnet. Auf Anmerkungen wird durch hoch-
stehende Ziffern in eckigen Klammern verwiesen. Für Hinweise auf
Karl Marx/Friedrich Engels: Werke, Berlin 1956 ff., in den Anmerkungen wird das Sigle MEW verwendet.
Der Verlag

Lenin, Vladimir Il'ič: Der Imperialismus als höchstes Stadium
des Kapitalismus : gemeinverständl. Abriß / W. I. Lenin. –
23. Aufl. – Berlin : Dietz Verl., 1988. – 176 S. : 2 Abb. –
(Bücherei des Marxismus-Leninismus)
EST: Imperializm kak vyšsaja stadija kapitalizma ⟨dt.⟩

ISBN 3-320-00384-4

Mit 2 Abbildungen
23. Auflage 1988
Dietz Verlag Berlin
Lizenznummer 1 · LSV 0056
Typographie: Horst Kinkel
Umschlag: Gerhard Schmidt
Printed in the German Democratic Republic
Fotosatz: Druckerei Neues Deutschland Berlin
Druck und Bindearbeit:
Graphischer Großbetrieb Völkerfreundschaft Dresden
Best.-Nr.: 735 0067

00100

Vorworte

Vorwort[1]

Die Schrift, die ich hiermit dem Leser vorlege, ist im Frühjahr 1916 in Zürich verfaßt worden. Bei den dortigen Arbeitsbedingungen litt ich natürlich unter einem gewissen Mangel an französischer und englischer und einem großen Mangel an russischer Literatur. Das englische Hauptwerk über den Imperialismus, das Buch von J. A. Hobson, habe ich jedoch mit der Aufmerksamkeit verwertet, die diese Arbeit meiner Überzeugung nach verdient.

Die Schrift ist im Hinblick auf die zaristische Zensur abgefaßt. Aus diesem Grunde war ich nicht nur genötigt, mich strengstens auf die ausschließlich theoretische – insbesondere die ökonomische – Analyse zu beschränken, sondern auch die wenigen notwendigen Bemerkungen über die Politik mit größter Vorsicht zu formulieren, Andeutungen zu machen, mich der äsopischen Sprache zu bedienen, der verfluchten äsopischen Sprache, zu welcher der Zarismus alle Revolutionäre zwang, sobald sie die Feder in die Hand nahmen, um ein »legales« Werk zu schreiben.

Es fällt schwer, jetzt, in den Tagen der Freiheit, diese durch die Rücksicht auf die zaristische Zensur entstellten, zusammengequetschten, in einen eisernen Schraubstock gepreßten Stellen der Broschüre wieder zu lesen. Daß der Imperialismus der Vorabend der sozialistischen Revolution ist, daß der Sozialchauvinismus (Sozialismus in Worten, Chauvinismus in Taten) gleichbedeutend ist mit dem völligen Verrat am Sozialismus, mit dem vollständigen Übergang auf die Seite der Bourgeoisie, daß diese Spaltung der Arbeiterbewegung im Zusammenhang steht mit den objektiven Bedingungen des Imperialismus u. dgl. m. – darüber mußte ich in einer »Sklaven«sprache reden, und so bin ich genötigt, den Leser, der sich für die Frage interessiert, auf den bald erscheinenden Neudruck meiner im Ausland geschriebenen Artikel aus den Jahren 1914–1917 zu verweisen. Es sei besonders eine Stelle auf den Seiten 119/120[2] hervorgehoben: Um in zensurfähiger Form dem Leser klarzumachen, wie schamlos die Kapitalisten und die auf ihre Seite übergegangenen Sozialchauvinisten (gegen die Kautsky so inkonsequent kämpft) in der Frage der Annexionen lügen, wie schamlos sie die Annexionen *ihrer* Kapitalisten *bemänteln,* war ich gezwungen, als Beispiel — Japan zu wählen! Der aufmerksame Leser wird mit Leichtigkeit an Stelle Japans — Rußland setzen und an Stelle Koreas — Finnland, Polen, Kurland, die Ukraine, Chiwa, Buchara, Estland und die anderen nicht von Großrussen besiedelten Gebiete.

Ich möchte hoffen, daß meine Schrift dazu beitragen wird, sich in der ökonomischen Grundfrage zurechtzufinden, ohne deren Studium man nicht im geringsten verstehen kann, wie der jetzige Krieg und die jetzige Politik einzuschätzen sind, nämlich in der Frage nach dem ökonomischen Wesen des Imperialismus.

Petrograd, 26. April 1917   *Der Verfasser*

Н. ЛЕНИНЪ (ВЛ. ИЛЬИНЪ).

ИМПЕРІАЛИЗМЪ,

КАКЪ НОВѢЙШІЙ ЭТАПЪ

КАПИТАЛИЗМА.

(Популярный очеркъ).

———•———

СКЛАДЪ ИЗДАНІЯ:
Книжный складъ и магазинъ „Жизнь и Знаніе"
Петроградъ, Поварской пер., 2, кв. 9 и 10. Тел. 227—42.
1917 г.

Umschlag der Erstausgabe

Vorwort zur französischen und deutschen Ausgabe[3]

I

Die vorliegende Schrift ist, wie im Vorwort zur russischen Ausgabe erwähnt, 1916 im Hinblick auf die zaristische Zensur verfaßt worden. Ich habe nicht die Möglichkeit, gegenwärtig den ganzen Text umzuarbeiten, überdies dürfte das wohl auch unzweckmäßig sein, denn die Hauptaufgabe des Buches bleibt nach wie vor, an Hand von zusammenfassenden Daten unbestrittener bürgerlicher Statistiken und von Zeugnissen bürgerlicher Gelehrter aller Länder zu zeigen, wie zu Beginn des 20. Jahrhunderts, am Vorabend des ersten imperialistischen Weltkriegs, das *Gesamtbild* der kapitalistischen Weltwirtschaft in ihren internationalen Wechselbeziehungen war.

Einesteils dürfte es für viele Kommunisten in den fortgeschrittenen kapitalistischen Ländern sogar von Nutzen sein, sich am Beispiel dieser *vom Standpunkt der zaristischen Zensur legalen* Schrift davon zu überzeugen, daß es möglich – und notwendig – ist, selbst die geringen Überreste von Legalität, die den Kommunisten beispielsweise im heutigen Amerika oder in Frankreich nach den jüngsten Verhaftungen fast aller Kommunisten noch verbleiben, dazu auszunutzen, die ganze Verlogenheit der sozialpazifistischen Ansichten und Hoffnungen auf die »Weltdemokratie« aufzudecken. In diesem Vorwort will ich versuchen, die notwendigsten Ergänzungen zu dieser Schrift, die der Zensur unterlag, zu geben.

II

In der Schrift wird der Beweis erbracht, daß der Krieg von 1914 bis 1918 auf beiden Seiten ein imperialistischer Krieg (d. h. ein Eroberungskrieg, ein Raub- und Plünderungskrieg) war, ein Krieg um die Aufteilung der Welt, um die Verteilung und

Neuverteilung der Kolonien, der »Einflußsphären« des Finanz-kapitals usw.

Denn der Beweis für den wahren sozialen oder, richtiger gesagt, den wahren Klassencharakter eines Krieges ist selbst-verständlich nicht in der diplomatischen Geschichte des Krieges zu suchen, sondern in der Analyse der *objektiven* Lage der herrschenden *Klassen* in *allen* kriegführenden Staaten. Um diese objektive Lage darstellen zu können, darf man nicht Beispiele und einzelne Daten herausgreifen (bei der ungeheu-ren Kompliziertheit der Erscheinungen des gesellschaftlichen Lebens kann man immer eine beliebige Zahl von Beispielen oder Einzeldaten ausfindig machen, um jede beliebige These zu erhärten), sondern man muß unbedingt die *Gesamtheit* der Daten über die *Grundlagen* des Wirtschaftslebens *aller* krieg-führenden Mächte und der *ganzen* Welt nehmen.

Gerade solche unwiderlegbaren zusammenfassenden Daten habe ich bei der Schilderung der *Verteilung der Welt* in den Jahren 1876 und 1914 (im Kapitel VI) und der Verteilung der *Eisenbahnen* der ganzen Welt in den Jahren 1890 und 1913 (im Kapitel VII) angeführt. Die Eisenbahnen sind Ergebnisse der Hauptzweige der kapitalistischen Industrie, der Kohlen- und Eisenindustrie – Ergebnisse und zugleich anschaulichste Grad-messer der Entwicklung des Welthandels und der bürgerlich-demokratischen Zivilisation. Wie die Eisenbahnen mit der Großindustrie, mit den Monopolen, den Syndikaten, den Kartellen, den Trusts, den Banken, mit der Finanzoligarchie verbunden sind, das ist in den vorhergehenden Kapiteln des Buches gezeigt. Die Verteilung des Eisenbahnnetzes, die Ungleichmäßigkeit dieser Verteilung, die Ungleichmäßigkeit seiner Entwicklung – das sind Erzeugnisse des modernen Monopolkapitalismus im Weltmaßstab. Und diese Ergebnisse zeigen, daß auf einer *solchen* wirtschaftlichen Grundlage, *solange* das Privateigentum an den Produktionsmitteln be-steht, imperialistische Kriege absolut unvermeidlich sind.

Der Bau von Eisenbahnen scheint ein einfaches, natürliches, demokratisches, kulturelles, zivilisatorisches Unternehmen zu sein. Ein solches ist er in den Augen der bürgerlichen Professoren, die für die Beschönigung der kapitalistischen Sklaverei bezahlt werden, und in den Augen der kleinbürgerlichen Philister. In Wirklichkeit haben die kapitalistischen Fäden, durch die diese Unternehmungen in tausendfältigen Verschlingungen mit dem Privateigentum an den Produktionsmitteln überhaupt verknüpft sind, diesen Bau in ein Werkzeug zur Unterdrückung von *einer Milliarde* Menschen (in den Kolonien und Halbkolonien), d. h. von mehr als der Hälfte der Erdbevölkerung in den abhängigen Ländern und der Lohnsklaven des Kapitals in den »zivilisierten« Ländern verwandelt.

Auf der Arbeit des Kleinproduzenten beruhendes Privateigentum, freie Konkurrenz, Demokratie − alle diese Schlagworte, mit denen die Kapitalisten und ihre Presse die Arbeiter und Bauern betrügen, liegen weit zurück. Der Kapitalismus ist zu einem Weltsystem kolonialer Unterdrückung und finanzieller Erdrosselung der übergroßen Mehrheit der Bevölkerung der Erde durch eine Handvoll »fortgeschrittener« Länder geworden. Und in diese »Beute« teilen sich zwei, drei weltbeherrschende, bis an die Zähne bewaffnete Räuber (Amerika, England, Japan), die die ganze Welt in *ihren* Krieg um die Teilung *ihrer* Beute mit hineinreißen.

III

Der Frieden von Brest-Litowsk[4], von dem monarchistischen Deutschland diktiert, und dann der weitaus bestialischere und niederträchtigere Frieden von Versailles[5], von »demokratischen« Republiken, Amerika und Frankreich, sowie vom »freien« England diktiert, haben der Menschheit einen überaus nützlichen Dienst geleistet, indem sie sowohl die gedungenen Tintenkulis des Imperialismus entlarvten wie auch die reaktionären Spießer − mögen diese sich auch Pazifisten und Sozialisten nennen −, die den »Wilsonismus« priesen und zu beweisen suchten, daß unter dem Imperialismus Frieden und Reformen möglich seien.

Dutzende Millionen von Leichen und Krüppeln, die der Krieg

hinterließ — ein Krieg, der darum geführt wurde, ob die englische oder die deutsche Gruppe von Finanzräubern einen größeren Teil der Beute erhalten soll —, und dann diese beiden »Friedensverträge« öffnen mit einer bisher ungekannten Schnelligkeit Millionen und aber Millionen durch die Bourgeoisie eingeschüchterter, niedergehaltener, betrogener und betörter Menschen die Augen. Auf dem Boden des durch den Krieg hervorgerufenen Ruins in der ganzen Welt erwächst somit die weltweite revolutionäre Krise, die, welch lange und schwere Wandlung sie auch durchmachen mag, nicht anders enden kann als mit der proletarischen Revolution und deren Sieg.

Das Basler Manifest der II. Internationale[6], das 1912 eine Einschätzung nicht des Krieges überhaupt (es gibt verschiedene Kriege, es gibt auch revolutionäre Kriege), sondern gerade desjenigen Krieges gab, der 1914 ausbrach, dieses Manifest ist uns als Denkmal, das den ganzen schmachvollen Bankrott, das ganze Renegatentum der Helden der II. Internationale anprangert, erhalten geblieben.

Ich bringe deshalb dieses Manifest im Anhang zu der vorliegenden Ausgabe und mache die Leser eindringlich darauf aufmerksam, daß die Helden der II. Internationale alle jene Stellen des Manifests geflissentlich umgehen, wo von dem Zusammenhang eben dieses kommenden Krieges mit der proletarischen Revolution präzis, klar und direkt die Rede ist — sie ebenso geflissentlich umgehen, wie ein Dieb die Stelle meidet, wo er gestohlen hat.

IV

Besondere Aufmerksamkeit ist in der vorliegenden Schrift der Kritik des »Kautskyanertums« gewidmet, jener internationalen geistigen Strömung, die in allen Ländern der Welt von den »angesehensten Theoretikern«, den Führern der II. Internationale (Otto Bauer und Co. in Österreich, Ramsay MacDonald u. a. in England, Albert Thomas in Frankreich usw. usf.) samt einer Unmenge von Sozialisten, Reformisten, Pazifisten, bürgerlichen Demokraten und Pfaffen vertreten wird.

Diese geistige Strömung ist einerseits ein Produkt der Zersetzung, der Verwesung der II. Internationale und anderseits die unvermeidliche Frucht der Ideologie von Kleinbürgern, die infolge ihrer ganzen Lebenslage im Banne bürgerlicher und demokratischer Vorurteile befangen sind.

Bei Kautsky und seinesgleichen bedeuten derartige Ansichten den vollständigen Verzicht gerade auf die revolutionären Grundlagen des Marxismus, die dieser Schriftsteller jahrzehntelang, übrigens besonders im Kampfe gegen den sozialistischen Opportunismus (von Bernstein, Millerand, Hyndman, Gompers u. a.) verteidigt hat. Es ist daher kein Zufall, daß sich die »Kautskyaner« jetzt in der ganzen Welt praktisch-politisch mit den extremen Opportunisten (durch die II. oder gelbe Internationale) und mit den bürgerlichen Regierungen (durch die bürgerlichen Koalitionsregierungen unter Teilnahme von Sozialisten) vereinigt haben.

Die in der ganzen Welt anwachsende proletarische revolutionäre Bewegung im allgemeinen und kommunistische Bewegung im besonderen kann der Analyse und Aufdeckung der theoretischen Fehler des »Kautskyanertums« nicht entraten. Das gilt um so mehr, als die Strömungen des Pazifismus und des »Demokratismus« schlechthin, die nicht im geringsten den Anspruch erheben, marxistisch zu sein, die aber genauso wie Kautsky und Co. die Tiefe der Widersprüche des Imperialismus und die Unvermeidlichkeit der durch ihn erzeugten revolutionären Krise vertuschen — als diese Strömungen in der ganzen Welt noch außerordentlich stark verbreitet sind. Und der Kampf gegen diese Strömungen ist Pflicht der Partei des Proletariats, die der Bourgeoisie die von ihr betörten Kleinproduzenten und die Millionen der in mehr oder weniger kleinbürgerliche Lebensverhältnisse versetzten Werktätigen entreißen muß.

V

Einige Worte müssen über das Kapitel VIII: »Parasitismus und Fäulnis des Kapitalismus« gesagt werden. Wie schon im Text des Buches vermerkt ist, hat Hilferding, der ehemalige »Mar-

xist«, aber jetzige Mitstreiter Kautskys und einer der Haupt-
repräsentanten der bürgerlichen, reformistischen Politik in der
»Unabhängigen Sozialdemokratischen Partei Deutschlands«[7],
in dieser Frage im Vergleich zu dem *offenen* Pazifisten und
Reformisten, dem Engländer Hobson, einen Schritt zurück
getan. Die internationale Spaltung der gesamten Arbeiterbewegung ist jetzt schon ganz offen zutage getreten (II. und
III. Internationale). Auch die Tatsache des bewaffneten Kampfes und des Bürgerkriegs zwischen den beiden Richtungen ist
zutage getreten: in Rußland – Unterstützung Koltschaks und
Denikins durch die Menschewiki und »Sozialrevolutionäre«
gegen die Bolschewiki, in Deutschland – die Scheidemann
samt Noske und Co. mit der Bourgeoisie gegen die Spartakusleute[8], desgleichen in Finnland, Polen, Ungarn usw. Was ist
nun die ökonomische Grundlage dieser weltgeschichtlichen
Erscheinung?

Es sind eben der Parasitismus und die Fäulnis des Kapitalismus, die seinem höchsten geschichtlichen Stadium, d. h. dem
Imperialismus, eigen sind. Wie in der vorliegenden Schrift
nachgewiesen ist, hat der Kapitalismus jetzt eine *Handvoll*
(weniger als ein Zehntel der Erdbevölkerung, ganz »freigebig«
und übertrieben gerechnet, weniger als ein Fünftel) besonders
reicher und mächtiger Staaten hervorgebracht, die – durch
einfaches »Kuponschneiden« – die ganze Welt ausplündern.
Der Kapitalexport ergibt Einkünfte von 8–10 Milliarden Francs
jährlich, und zwar nach den Vorkriegspreisen und der bürgerlichen Vorkriegsstatistik. Gegenwärtig ist es natürlich viel
mehr.

Es ist klar, daß man aus solchem gigantischen *Extraprofit*
(denn diesen Profit streichen die Kapitalisten über den Profit
hinaus ein, den sie aus den Arbeitern ihres »eigenen« Landes
herauspressen) die Arbeiterführer und die Oberschicht der
Aristokratie *bestechen kann*. Sie wird denn auch von den
Kapitalisten der »fortgeschrittenen« Länder bestochen – durch
tausenderlei Methoden, direkte und indirekte, offene und
versteckte.

15

Diese Schicht der verbürgerten Arbeiter oder der »Arbeiteraristokratie«, in ihrer Lebensweise, nach ihrem Einkommen, durch ihre ganze Weltanschauung vollkommen verspießert, ist die Hauptstütze der II. Internationale und in unseren Tagen die *soziale* (nicht militärische) *Hauptstütze der Bourgeoisie*. Denn sie sind wirkliche *Agenten der Bourgeoisie innerhalb der Arbeiter*bewegung, Arbeiterkommis der Kapitalistenklasse (labor lieutenants of the capitalist class), wirkliche Schrittmacher des Reformismus und Chauvinismus. Im Bürgerkrieg zwischen Proletariat und Bourgeoisie stellen sie sich in nicht geringer Zahl unweigerlich auf die Seite der Bourgeoisie, auf die Seite der »Versailler«[9] gegen die »Kommunarden«[10].

Ohne die ökonomischen Wurzeln dieser Erscheinung begriffen zu haben, ohne ihre politische und soziale Bedeutung abgewogen zu haben, ist es unmöglich, auch nur einen Schritt zur Lösung der praktischen Aufgaben der kommunistischen Bewegung und der kommenden sozialen Revolution zu machen.

Der Imperialismus ist der Vorabend der sozialen Revolution des Proletariats. Das hat sich seit 1917 im Weltmaßstab bestätigt.

6. Juli 1920   *N. Lenin*

Der Imperialismus
als höchstes Stadium
des Kapitalismus

Geschrieben Januar–Juni 1916.
Zum erstenmal veröffentlicht Mitte 1917 als Broschüre in Petrograd
vom Verlag »Shisn i Snanije«.
Werke, Bd. 22, S. 189–309.

In den letzten 15—20 Jahren, besonders nach dem Spanisch-Amerikanischen Krieg (1898)[11] und dem Burenkrieg (1899—1902)[12], verwendet die ökonomische sowie die politische Literatur der Alten und der Neuen Welt immer häufiger den Begriff »Imperialismus«, um die Epoche, in der wir leben, zu charakterisieren. Im Jahre 1902 erschien in London und New York das Werk des englischen Ökonomen J. A. Hobson »Imperialismus«. Der Verfasser, der den Standpunkt des bürgerlichen Sozialreformismus und Pazifismus vertritt — einen Standpunkt, der im Grunde genommen mit der jetzigen Stellung des ehemaligen Marxisten K. Kautsky übereinstimmt —, gibt eine sehr gute und ausführliche Beschreibung der grundlegenden ökonomischen und politischen Besonderheiten des Imperialismus. Im Jahre 1910 erschien in Wien das Werk des österreichischen Marxisten Rudolf Hilferding »Das Finanzkapital« (russische Übersetzung Moskau 1912). Obwohl der Autor in der Geldtheorie irrt und eine gewisse Neigung zeigt, den Marxismus mit dem Opportunismus zu versöhnen, ist dieses Werk eine höchst wertvolle theoretische »Studie über die jüngste Entwicklung des Kapitalismus«, wie der Untertitel des Hilferdingschen Buches lautet. Im Grunde genommen geht das, was in den letzten Jahren über den Imperialismus gesagt wurde — insbesondere in sehr zahlreichen Zeitschriften- und Zeitungsartikeln zu diesem Thema und ebenso in Resolutionen, z. B. der im Herbst 1912 abgehaltenen Kongresse von Chemnitz und Basel[13] —, kaum über den Kreis der Ideen hinaus, die von den beiden genannten Autoren dargelegt oder vielmehr zusammengefaßt worden sind ...

Im folgenden wollen wir versuchen, den Zusammenhang und das Wechselverhältnis der *grundlegenden* ökonomischen Besonderheiten des Imperialismus in aller Kürze und in möglichst gemeinverständlicher Form darzustellen. Auf die nichtökonomische Seite der Frage werden wir nicht so eingehen können, wie sie es verdienen würde. Literaturangaben und andere Hinweise, für die nicht alle Leser Interesse haben dürften, bringen wir am Schluß der Broschüre.

I. Konzentration der Produktion
und Monopole

Das ungeheure Wachstum der Industrie und der auffallend rasche Prozeß der Konzentration der Produktion in immer größeren Betrieben ist eine der charakteristischen Besonderheiten des Kapitalismus. Die modernen Betriebszählungen liefern uns über diesen Prozeß die vollständigsten und genauesten Daten.

In Deutschland z. B. waren von je tausend Industrieunternehmungen Großbetriebe, d. h. Betriebe mit mehr als 50 Lohnarbeitern: im Jahre 1882 − 3, im Jahre 1895 − 6 und im Jahre 1907 − 9. Von je hundert Arbeitern entfielen auf diese Betriebe: 22, 30 und 37. Aber die Konzentration der Produktion ist viel stärker als die Konzentration der Arbeiter, denn die Arbeit ist in den Großbetrieben viel produktiver. Darauf weisen die Daten über Dampfmaschinen und elektrische Motoren hin. Ziehen wir in Betracht, was man in Deutschland als Industrie im weiteren Sinne bezeichnet, d. h., schließen wir auch den Handel, das Verkehrswesen usw. ein, so erhalten wir folgendes Bild: Von den 3 265 623 Unternehmungen Deutschlands sind 30 588, d. h. nur 0,9 %, Großbetriebe. Auf sie entfallen von 14,4 Millionen Arbeitern 5,7 Mill., d. h. 39,4 %; von den 8,8 Mill. Pferdestärken der Dampfmaschinen 6,6 Mill., d. h. 75,3 %; von den 1,5 Mill. Kilowatt elektrischer Energie 1,2 Mill. Kilowatt, d. h. 77,2 %.

Weniger als ein Hundertstel der Betriebe verfügt über *mehr als drei Viertel* der gesamten Dampf- und Elektrizitätskraft! Auf die 2,97 Mill. Kleinbetriebe (mit höchstens 5 Lohnarbeitern), die 91 % der Gesamtzahl der Betriebe ausmachen, entfallen im ganzen 7 % der Dampf- und Elektrizitätskraft! Einige zehntausend Großbetriebe sind alles; Millionen von Kleinbetrieben sind nichts.

Betriebe mit 1000 und mehr Arbeitern gab es 1907 in Deutschland 586. Diese beschäftigten fast *ein Zehntel* (1,38 Mill.) der Gesamtzahl der Arbeiter und verfügten über *nahezu*

Империализмъ, какъ высшая стадія капитализма.

(популярный очеркъ).

За послѣдніе 15-20 лѣтъ, особенно послѣ испано-американской (1898) и англо-бурской (1899-1902) войны, экономическая, а также политическая литература стараго и новаго свѣта все чаще и чаще останавливается на понятіи "империализмъ" для характеристики переживаемой нами эпохи. Въ 1902 году в Лондонѣ и Нью-Іоркѣ вышло въ свѣтъ сочиненіе англійскаго экономиста Дж.А.Гобсона: "Империализмъ". Авторъ, стоящій на точкѣ зрѣнія буржуазнаго соціалъ-реформизма и пацифизма —однородной, в сущности, съ теперешней позиціей бывшаго марксиста К.Каутскаго, —далъ очень хорошее и обстоятельное описаніе основныхъ экономическихъ и политическихъ особенностей имперіализма. Въ 1910 году въ Вѣнѣ вышло въ свѣтъ сочиненіе австрійскаго марксиста Рудольфа Гильфердинга: "Финансовый капиталъ" (рус.

Erste Seite des Manuskripts

ein Drittel (32%) aller Dampf- und Elektrizitätskraft.[1*] Das Geldkapital und die Banken machen, wie wir sehen werden, dieses Übergewicht eines Häufleins von Großbetrieben noch erdrückender, und zwar im buchstäblichen Sinne des Wortes, d. h., Millionen kleiner, mittlerer und sogar zum Teil großer »Unternehmer« sind in Wirklichkeit von einigen hundert Millionären der Hochfinanz völlig unterjocht.

In einem anderen fortgeschrittenen Land des modernen Kapitalismus, den Vereinigten Staaten von Nordamerika, wächst die Konzentration der Produktion noch stärker. Hier sondert die Statistik die Industrie im engeren Sinne aus und gruppiert die Betriebe nach dem Wert ihrer Jahresproduktion. 1904 gab es an Großbetrieben mit einer Jahresproduktion von 1 Million Dollar und darüber 1900 (von 216 180, d. h. 0,9%); auf sie entfielen 1,4 Mill. Arbeiter (von 5,5 Mill., d. h. 25,6%) und 5,6 Milliarden der Jahresproduktion (von 14,8 Milliarden, d. h. 38%). Fünf Jahre später, im Jahre 1909, lauteten die entsprechenden Zahlen: 3060 Betriebe (von 268 491, d. h. 1,1%) mit 2 Mill. Arbeitern (von 6,6 Mill., d. h. 30,5%) und 9 Milliarden Jahresproduktion (von 20,7 Milliarden, d. h. 43,8%)[2*].

Fast die Hälfte der Gesamtproduktion aller Betriebe des Landes liegt in den Händen *eines Hundertstels* der Gesamtzahl der Betriebe! Und diese dreitausend Riesenbetriebe umfassen 258 Industriezweige. Daraus erhellt, daß die Konzentration auf einer bestimmten Stufe ihrer Entwicklung sozusagen von selbst dicht an das Monopol heranführt. Denn einigen Dutzend Riesenbetrieben fällt es leicht, sich untereinander zu verständigen, während anderseits gerade durch das Riesenausmaß der Betriebe die Konkurrenz erschwert und die Tendenz zum Monopol erzeugt wird. Diese Verwandlung der Konkurrenz in das Monopol ist eine der wichtigsten Erscheinungen – wenn nicht die wichtigste – in der Ökonomik des modernen Kapitalismus, und wir müssen daher ausführlicher darauf ein-

[1*] Zahlenangaben nach den »Annalen des Deutschen Reichs«, 1911, Zahn.
[2*] »Statistical Abstract of the United States« [Statistisches Jahrbuch der Vereinigten Staaten], 1912, S. 202.

gehen. Doch zuerst muß ein mögliches Mißverständnis beseitigt werden.

Die amerikanische Statistik besagt: 3000 Riesenbetriebe in 250 Industriezweigen. Demnach kämen im ganzen je 12 Betriebe größten Ausmaßes auf jeden Industriezweig.

Dem ist aber nicht so. Nicht in jedem Industriezweig gibt es Großbetriebe; und anderseits ist eine äußerst wichtige Besonderheit des Kapitalismus, der die höchste Entwicklungsstufe erreicht hat, die sogenannte *Kombination*, d. h. die Vereinigung verschiedener Industriezweige in einem einzigen Unternehmen; diese Industriezweige bilden entweder aufeinanderfolgende Stufen der Verarbeitung des Rohstoffs (z. B. Gewinnung von Roheisen aus Erz, seine Verarbeitung zu Stahl und unter Umständen auch die Erzeugung dieser oder jener Stahlfabrikate) oder spielen in bezug aufeinander eine Hilfsrolle (z. B. Verarbeitung von Abfällen oder Nebenprodukten; Herstellung von Verpackungsmaterial usw.).

». . . die Kombination«, schreibt Hilferding, »gleicht Konjunkturunterschiede aus und bewirkt daher für das kombinierte Werk eine größere Stetigkeit der Profitrate. Zweitens bewirkt die Kombination Ausschaltung des Handels. Drittens bewirkt sie die Möglichkeit technischer Fortschritte und damit die Erlangung von Extraprofit gegenüber dem ›reinen‹« (d. h. nicht kombinierten) »Werk. Viertens stärkt sie die Stellung des kombinierten Werkes gegenüber dem ›reinen‹ im Konkurrenzkampf zur Zeit einer starken Depression« (Geschäftsstockung, Krise), »wenn die Senkung der Rohmaterialpreise nicht Schritt hält mit der Senkung der Fabrikatspreise.«[1]*

Der deutsche bürgerliche Ökonom Heymann, der der Schilderung der »gemischten«, d. h. kombinierten Werke in der deutschen Eisenindustrie eine besondere Schrift gewidmet hat, sagt: »Die reinen Werke werden zwischen hohen Material- und niedrigen Fabrikatspreisen zerquetscht.« Es ergibt sich folgendes Bild: »Übriggeblieben sind auf der einen Seite die großen

1* »Das Finanzkapital«, russ. Übersetzung, S. 286/287. [Deutsche Ausgabe Berlin 1955, S. 284.]

Kohlengesellschaften mit einer Förderung, die in die Millionen Tonnen Kohle geht, fest organisiert in ihrem Kohlensyndikat, und eng verbunden mit ihnen die großen Stahlwerke und ihr Stahlsyndikat. Diese Riesenunternehmungen mit 400 000 t Stahlproduktion im Jahr, entsprechender Ausdehnung der Kohlen-, Erz- und Hochofenbetriebe wie der Fertigfabrikation, mit 10 000 Arbeitern, die in Werkskolonien kaserniert sind, ja zum Teil mit eigenen Bahnen und Häfen, diese Riesenunternehmungen sind heute der rechte Typus des deutschen Eisenwerks. Und immer weiter schreitet die Konzentration vorwärts. Der einzelne Betrieb wird stetig größer; immer mehr Betriebe der gleichen oder verschiedener Art ballen sich zu Riesenunternehmungen zusammen, die in einem halben Dutzend Berliner Großbanken ihre Stützen und ihre Leiter finden. Für die Montanindustrie ist die Richtigkeit der Konzentrationslehre von Karl Marx exakt nachgewiesen, jedenfalls in einem Land, in dem sie, wie bei uns, durch Zölle und Frachttarife geschützt wird. Die Montanindustrie Deutschlands ist reif zur Expropriation.«[1*]

Zu diesem Schluß mußte ein ausnahmsweise gewissenhafter bürgerlicher Ökonom kommen. Es sei bemerkt, daß er Deutschland in Anbetracht der hohen Industrieschutzzölle eine gewisse Sonderstellung einräumt. Aber dieser Umstand konnte die Konzentration und die Bildung von monopolistischen Unternehmerverbänden, Kartellen, Syndikaten usw. nur beschleunigen. Es ist außerordentlich wichtig, daß im Lande des Freihandels, in England, die Konzentration *ebenfalls* zum Monopol führt, wenn auch etwas später und vielleicht in anderer Form. So schreibt Professor Hermann Levy in einer speziellen Untersuchung über »Monopole, Kartelle und Trusts« auf Grund der Daten über die wirtschaftliche Entwicklung Großbritanniens:

»In Großbritannien ist es die Größe der Unternehmung und ihre Leistungsfähigkeit, welche eine monopolistische Tendenz

[1*] Hans Gideon Heymann, »Die gemischten Werke im deutschen Großeisengewerbe«, Stuttgart 1904 (S. 256, 278).

in sich trägt. Dies einmal dadurch, daß die großen Kapitalin-vestitionen pro Unternehmung, sobald einmal die Konzentra-tionsbewegung eingesetzt hat, wachsende Anforderungen an die Kapitalbeschaffung neuer Unternehmungen stellen und damit ihr Aufkommen erschweren. Weiter aber (und dies scheint uns der wichtigste Punkt zu sein) repräsentiert jede neue Unternehmung, welche mit den auf Grund des Kon-zentrationsprozesses entstandenen Riesenunternehmungen Schritt halten will, ein so großes Mehrangebot von Produkten, daß sie, um diese abzusetzen, entweder nur bei einer enorm wachsenden Nachfrage mit Nutzen verkaufen könnte oder aber sofort die Preise auf ein für sie wie für die Monopolver-einigungen unrentables Niveau drücken würde.« Zum Unter-schied von anderen Ländern, wo die Schutzzölle die Kartell-bildung erleichtern, entstehen in England monopolistische Unternehmerverbände, Kartelle und Trusts in der Regel nur dann, wenn die Zahl der wichtigsten konkurrierenden Unter-nehmungen »nicht mehr als ein paar Dutzend« ausmacht. »Hier allein tritt für ein ganzes Wirtschaftsgebiet der Einfluß der Konzentrationsbewegung auf die großindustrielle Monopol-organisation in kristallisierter Reinheit zutage.«[1*]

Vor einem halben Jahrhundert, als Marx sein »Kapital« schrieb, erschien der überwiegenden Mehrheit der Ökonomen die freie Konkurrenz als ein »Naturgesetz«. Die offizielle Wissenschaft versuchte das Werk von Marx totzuschweigen, der durch seine theoretische und geschichtliche Analyse des Kapitalismus bewies, daß die freie Konkurrenz die Konzen-tration der Produktion erzeugt, diese Konzentration aber auf einer bestimmten Stufe ihrer Entwicklung zum Monopol führt. Das Monopol ist jetzt zur Tatsache geworden. Die Ökonomen schreiben Berge von Büchern, beschreiben die einzelnen Er-scheinungsformen des Monopols und verkünden nach wie vor einstimmig, daß der »Marxismus widerlegt« sei. Aber Tatsachen sind ein hartnäckig Ding, sagt ein englisches Sprichwort, und man muß ihnen wohl oder übel Rechnung tragen. Die Tatsa-

[1*] Hermann Levy, »Monopole, Kartelle und Trusts«, Jena 1909, S. 286, 290, 298.

chen zeigen, daß die Unterschiede zwischen einzelnen kapitalistischen Ländern, z. B. in bezug auf Schutzzoll oder Freihandel, bloß unwesentliche Unterschiede in der Form der Monopole oder in der Zeit ihres Aufkommens bedingen, während die Entstehung der Monopole infolge der Konzentration der Produktion überhaupt ein allgemeines Grundgesetz des Kapitalismus in seinem heutigen Entwicklungsstadium ist.

Für Europa läßt sich die Zeit der *endgültigen* Ablösung des alten Kapitalismus durch den neuen ziemlich genau feststellen: Es ist der Anfang des 20. Jahrhunderts. In einer der neuesten zusammenfassenden Arbeiten über die Geschichte der »Monopolbildung« lesen wir:

»Man kann aus der Zeit vor 1860 einzelne Beispiele kapitalistischer Monopole anführen; man kann in ihnen den Ansatz zu den Formen entdecken, die uns heute so geläufig geworden sind; aber all das ist durchaus Vorgeschichte. Der eigentliche Beginn der modernen Monopole liegt allerfrühestens in den sechziger Jahren. Ihre erste große Entwicklungsperiode hebt mit der internationalen Depression der siebziger Jahre an und reicht bis zum Beginn der neunziger Jahre ... Europäisch betrachtet, kulminiert die freie Konkurrenz in den sechziger und siebziger Jahren. Damals beendete England den Ausbau seiner kapitalistischen Organisation alten Stils. In Deutschland drang sie kräftig vor gegen Handwerk und Hausindustrie und begann, sich ihre Daseinsform zu schaffen.«

»Die große Umwälzung beginnt mit dem Krach von 1873 oder richtiger mit der ihm folgenden Depression, die mit einer kaum merklichen Unterbrechung anfangs der achtziger Jahre und einem ungewöhnlich heftigen, aber kurzen ›boom‹ um das Jahr 1889 herum 22 Jahre europäischer Wirtschaftsgeschichte ausmacht ... In der kurzen Hausseperiode von 1889/90 bediente man sich in starkem Maße der Kartellordnung zur Ausnützung der Konjunktur. Eine wenig überlegte Politik trieb die Preise noch schneller und noch stärker in die Höhe, als es vielleicht schon sonst geschehen wäre, und fast alle diese Verbände endeten ruhmlos im ›Graben des Kraches‹. Noch ein weiteres Lustrum schlechter Beschäftigung und niedriger Preise folgte, aber es war nicht mehr dieselbe Stimmung, die in der Industrie herrschte. Man sah die Depression nicht mehr wie etwas Selbstverständliches an, sondern hielt sie nur für eine Ruhepause vor einer neuen günstigen Konjunktur.

So trat die Kartellbewegung in ihre zweite Epoche. Statt einer vorübergehenden Erscheinung werden die Kartelle eine der Grundlagen des gesamten Wirtschaftslebens. Sie erobern sich ein Gebiet nach dem anderen, vor allem aber die Rohstoffindustrie. Schon zu Anfang der neunziger Jahre fanden sie in der Organisation des Kokssyndikats, dem dann das Kohlensyndikat nachgebildet wird, eine Verbandstechnik, über die man kaum wesentlich herausgekommen ist. Der große Aufschwung zu Ende des 19. Jahrhunderts und die Krisis von 1900–1903 stehen wenigstens in der Montan- und Hüttenindustrie zum ersten Male ganz im Zeichen der Kartelle. Und wenn man das damals noch als etwas Neuartiges ansah, so ist es dem Allgemeinbewußtsein inzwischen zur Selbstverständlichkeit geworden, daß große Teile des Wirtschaftslebens der freien Konkurrenz regelmäßig entzogen sind.«[1]

Die wichtigsten Ergebnisse der Geschichte der Monopole sind demnach: 1. In den sechziger und siebziger Jahren des 19. Jahrhunderts – die höchste, äußerste Entwicklungsstufe der freien Konkurrenz; kaum merkliche Ansätze zu Monopolen. 2. Nach der Krise von 1873 weitgehende Entwicklung von Kartellen, die aber noch Ausnahmen, keine dauernden, sondern vorübergehende Erscheinungen sind. 3. Aufschwung am Ende des 19. Jahrhunderts und Krise von 1900–1903: Die Kartelle werden zu einer der Grundlagen des ganzen Wirtschaftslebens. Der Kapitalismus ist zum Imperialismus geworden.

[1] Th. Vogelstein, »Die finanzielle Organisation der kapitalistischen Industrie und die Monopolbildungen« in »Grundriß der Sozialökonomik«, VI. Abt., Tüb. 1914; vergleiche von demselben Autor »Organisationsformen der Eisenindustrie und Textilindustrie in England und Amerika«, Bd. I, Lpz. 1910.

Die Kartelle vereinbaren Verkaufsbedingungen, Zahlungstermine u. a. Sie verteilen die Absatzgebiete untereinander. Sie bestimmen die Menge der zu erzeugenden Produkte. Sie setzen die Preise fest. Sie verteilen den Profit unter die einzelnen Unternehmungen usw.

Die Zahl der Kartelle in Deutschland wurde 1896 ungefähr auf 250, 1905 auf 385 mit etwa 12000 Betrieben geschätzt.[1] Allgemein wird jedoch anerkannt, daß diese Zahlen zu niedrig gegriffen sind. Aus den oben angeführten Daten der deutschen Betriebszählung von 1907 geht hervor, daß schon die 12000 größten Betriebe sicherlich mehr als die Hälfte der gesamten Dampf- und Elektrizitätskraft in sich vereinigen. In den Vereinigten Staaten von Nordamerika wurde die Zahl der Trusts 1900 auf 185, 1907 auf 250 geschätzt. Die amerikanische Statistik teilt alle Industriebetriebe in Gruppen ein, je nachdem, ob sie Einzelpersonen, Firmen oder Gesellschaften gehören. Letzteren gehörten 1904 23,6 % und 1909 25,9 %, d. h. mehr als ein Viertel aller Betriebe. In diesen Werken waren 1904 70,6 % und 1909 75,6 % aller Arbeiter, drei Viertel der Gesamtzahl, beschäftigt; die Produktion belief sich auf 10,9 bzw. 16,3 Milliarden Dollar, d. h. 73,7 % bzw. 79,0 % der Gesamtproduktion.

Die Kartelle und Trusts vereinigen vielfach sieben bis acht Zehntel der Gesamtproduktion des betreffenden Industriezweiges in ihren Händen. Im Rheinisch-Westfälischen Kohlensyndikat waren bei seiner Gründung im Jahre 1893 86,7 % und im Jahre 1910 bereits 95,4 % der gesamten Kohlenförderung des Gebiets konzentriert.[2] Das auf diese Weise entstehende Monopol gewährleistet Riesengewinne und führt zur Bildung technischer Produktionseinheiten von unermeßlichem Um-

[1] Dr. Riesser, »Die deutschen Großbanken und ihre Konzentration im Zusammenhange mit der Entwicklung der Gesamtwirtschaft in Deutschland«, 4. Aufl., 1912, S. 149. – R. Liefmann, »Kartelle und Trusts und die Weiterbildung der volkswirtschaftlichen Organisation«, 2. Aufl., 1910, S. 25.
[2] Dr. Fritz Kestner, »Der Organisationszwang. Eine Untersuchung über die Kämpfe zwischen Kartellen und Außenseitern«, Brl. 1912, S. 11.

fang. Der berühmte Petroleumtrust in den Vereinigten Staaten (die Standard Oil Company) wurde 1900 gegründet. »Ihr autorisiertes Kapital beträgt 150 Millionen $, ausgegeben sind 100 Millionen $ common (gewöhnliche) und 106 Millionen $ preferred (Vorzugs-) Aktien, und es sind darauf von 1900 bis 1907 folgende Dividenden bezahlt worden: 48, 48, 45, 44, 36, 40, 40, 40 %, im ganzen 367 Millionen $. Seit 1882 bis Ende 1907 wurden aus 889 Millionen $ erzielten Reingewinns 606 Millionen $ Dividenden verteilt, der Rest den Reserven zugeführt.«[1]
»1907 waren auf sämtlichen Werken des Stahltrusts (United States Steel Corporation) nicht weniger als 210 180 Arbeiter und Angestellte beschäftigt ... Das größte Unternehmen der deutschen Montanindustrie, die Gelsenkirchener Bergwerksgesellschaft, hatte 1908 46 048 Arbeiter und Angestellte.«[2] Schon 1902 produzierte der Stahltrust 9 Millionen Tonnen Stahl.[3] Seine Stahlproduktion belief sich 1901 auf 66,3 % und 1908 auf 56,1 % der gesamten Stahlproduktion der Vereinigten Staaten[4], seine Erzförderung betrug in den gleichen Jahren 43,9 bzw. 46,3 %.

Ein Bericht der amerikanischen Regierungskommission über die Trusts besagt: »Die Überlegenheit der Stellung des Trusts gegenüber seinen Wettbewerbern beruht auf der Größe seiner Betriebe und ihrer vortrefflichen technischen Ausstattung. Seit seiner Gründung hat der Tabaktrust es sich angelegen sein lassen, alle Handarbeit im weitestgehenden Maße durch Maschinen zu ersetzen. Er hat zu diesem Zweck alle Patente erworben, welche irgendwie auf die Tabakaufbereitung Bezug hatten, und ungeheure Summen dafür aufgewendet. Viele Patente waren anfangs nicht brauchbar und mußten erst durch die Ingenieure des Trusts entwickelt werden. Ende 1906 wurden zwei Tochtergesellschaften ins Leben gerufen, welche

[1] R. Liefmann, »Beteiligungs- und Finanzierungsgesellschaften. Eine Studie über den modernen Kapitalismus und das Effektenwesen«, 1. Aufl., Jena 1909, S. 212.
[2] Ebenda, S. 218.
[3] Dr. S. Tschierschky, »Kartell und Trust«, Gött. 1903, S. 13.
[4] Th. Vogelstein, »Organisationsformen usw.«, S. 275.

lediglich die Aufgabe haben, Patente zu erwerben. Zum näm-
lichen Zweck hat der Trust eigene Gießereien, Maschinen-
fabriken und Reparaturwerkstätten angelegt. Eines dieser
Werke, in Brooklyn, beschäftigt durchschnittlich 300 Arbeiter;
hier werden Erfindungen zur Herstellung von Zigaretten,
kleinen Zigarren, Schnupftabak, Stanniolpackungen, Zi-
garettenhülsen, Schachteln usw. geprüft und wenn nötig ver-
bessert.«[1*] »Auch andere als, die obengenannten Trusts beschäftigen sog. developing engineers« (Entwicklungsinge-
nieure), »welche die Aufgabe haben, neue Herstellungsver-
fahren zu erdenken und technische Verbesserungen aus-
zuproben. Der Stahltrust zahlt seinen Ingenieuren und Arbeitern hohe Prämien für Erfindungen, welche geeignet sind,
den technischen Gütegrad eines Betriebes zu steigern oder die
Gestehungskosten zu erniedrigen.«[2*]

Ähnlich ist auch das technische Vervollkommnungswesen in
der deutschen Großindustrie organisiert, z. B. in der che-
mischen Industrie, die sich in den letzten Jahrzehnten so riesenhaft entwickelt hat. Der Prozeß der Konzentration der Produktion brachte in dieser Industrie bereits bis 1908 zwei
Haupt»gruppen« hervor, die sich in ihrer Art ebenfalls dem
Monopol näherten. Zuerst waren diese Gruppen »Zweierver-
bände« zweier Paare von Großbetrieben mit einem Kapital von
je 20–21 Millionen Mark: einerseits die Farbwerke, vormals
Meister, in Höchst am Main und Cassella in Frankfurt am Main;
anderseits die Badische Anilin- und Sodafabrik in Lud-
wigshafen und die Farbenfabriken, vormals Bayer, in Elberfeld.
Darauf schloß 1905 die eine Gruppe und 1908 die andere eine
Konvention mit noch je einem Großbetrieb. So entstanden zwei
»Dreiverbände« mit einem Kapital von je 40–50 Millionen
Mark, und zwischen diesen »Verbänden« hat bereits eine

[1*] »Report of the Commissioner of Corporations on the Tobacco Industry« [Be-
richt des Regierungsbeauftragten über die Vereinigungen in der Tabakindustrie],
Washington 1909, S. 266, zitiert nach Dr. Paul Tafel, »Die Nordamerikanischen
Trusts und ihre Wirkungen auf den Fortschritt der Technik«, Stuttgart 1913, S. 48.
[2*] Ebenda, S. 49.

»Annäherung« in Form von »Verträgen« über Preise usw. begonnen.[1*]

Die Konkurrenz wandelt sich zum Monopol. Die Folge ist ein gigantischer Fortschritt in der Vergesellschaftung der Produktion. Im besonderen wird auch der Prozeß der technischen Erfindungen und Vervollkommnungen vergesellschaftet.

Das ist schon etwas ganz anderes als die alte freie Konkurrenz zersplitterter Unternehmer, die nichts voneinander wissen und für den Absatz auf unbekanntem Markte produzieren. Die Konzentration ist so weit fortgeschritten, daß man einen ungefähren Überschlag aller Rohstoffquellen (beispielsweise der Eisenerzvorkommen) in dem betreffenden Lande und sogar, wie wir sehen werden, in einer Reihe von Ländern, ja in der ganzen Welt machen kann. Ein solcher Überschlag wird nicht nur gemacht, sondern die riesigen Monopolverbände bemächtigen sich dieser Quellen und fassen sie in einer Hand zusammen. Es wird eine annähernde Berechnung der Größe des Marktes vorgenommen, der durch vertragliche Abmachungen unter diese Verbände »aufgeteilt« wird. Die qualifizierten Arbeitskräfte werden monopolisiert, die besten Ingenieure angestellt, man bemächtigt sich der Verkehrswege und -mittel – der Eisenbahnen in Amerika, der Schiffahrtsgesellschaften in Europa und in Amerika. In seinem imperialistischen Stadium führt der Kapitalismus bis dicht an die allseitige Vergesellschaftung der Produktion heran, er zieht die Kapitalisten gewissermaßen ohne ihr Wissen und gegen ihren Willen in eine Art neue Gesellschaftsordnung hinein, die den Übergang von der völlig freien Konkurrenz zur vollständigen Vergesellschaftung bildet.

Die Produktion wird vergesellschaftet, die Aneignung jedoch bleibt privat. Die gesellschaftlichen Produktionsmittel bleiben Privateigentum einer kleinen Anzahl von Personen. Der allgemeine Rahmen der formal anerkannten freien Konkurrenz

---

[1*] Riesser, a. a. O., 3. Aufl., S. 547 ff. Die Zeitungen berichten (Juni 1916) von einem neuen Riesentrust, der die chemische Industrie Deutschlands zusammenfassen soll.

bleibt bestehen, und der Druck der wenigen Monopolinhaber auf die übrige Bevölkerung wird hundertfach schwerer, fühlbarer, unerträglicher.

Der deutsche Ökonom Kestner hat den »Kämpfen zwischen Kartellen und Außenseitern«, d. h. Unternehmern, die dem Kartell nicht angehören, ein spezielles Werk gewidmet. Er betitelt sein Werk »Der Organisationszwang«, während man natürlich, um den Kapitalismus nicht zu beschönigen, von einem Zwang zur Unterwerfung unter die Monopolverbände sprechen müßte. Es ist lehrreich, wenigstens einen flüchtigen Blick auf die Liste der Mittel des gegenwärtigen, modernen, zivilisierten Kampfes um die »Organisation« zu werfen, zu denen die Monopolverbände greifen: 1. die Materialsperre (mit »die wichtigste Methode des Kartellzwanges«); 2. Sperrung der Arbeitskräfte durch »Allianzen« (d. h. Vereinbarungen zwischen Kapitalisten und Arbeiterverbänden derart, daß die Arbeiter nur in kartellierten Betrieben arbeiten dürfen); 3. Sperre der Zufuhr; 4. Sperre des Absatzes; 5. Verträge mit den Abnehmern, wonach diese ausschließlich mit kartellierten Firmen Geschäftsverbindungen haben dürfen; 6. planmäßige Preisunterbietung (um die »Außenseiter«, d. h. die Unternehmungen, die sich den Monopolinhabern nicht unterordnen, zu ruinieren; es werden Millionen ausgegeben, um eine Zeitlang unter dem Selbstkostenpreis zu verkaufen; so kam es beispielsweise in der Benzinindustrie vor, daß die Preise von 40 auf 22 Mark, d. h. fast auf die Hälfte, herabgesetzt wurden!); 7. Sperrung des Kredits; 8. Verrufserklärung.

Wir haben es nicht mehr mit dem Konkurrenzkampf kleiner und großer, technisch rückständiger und technisch fortgeschrittener Betriebe zu tun. Durch die Monopolinhaber werden alle diejenigen abgewürgt, die sich dem Monopol, seinem Druck, seiner Willkür nicht unterwerfen. Im Bewußtsein eines bürgerlichen Ökonomen spiegelt sich dieser Prozeß folgendermaßen wider:

»Auch innerhalb der rein wirtschaftlichen Tätigkeit«, schreibt Kestner, »tritt eine Verschiebung vom Kaufmännischen im früheren Sinne zum Organisatorisch-Spekulativen ein. Nicht der Kaufmann kommt am besten vorwärts, der auf Grund seiner technischen und Handelserfahrungen die Bedürfnisse der Kunden am genauesten versteht, der eine latente Nachfrage zu finden und wirksam zu erwecken vermag, sondern das spekulative Genie (?!), das die organisatorische Entwicklung, die Möglichkeit der Beziehungen zwischen den einzelnen Unternehmungen und zu den Banken vorauszuberechnen oder auch vorauszufühlen vermag.«

In eine menschliche Sprache übertragen, bedeutet das: Der Kapitalismus ist so weit entwickelt, daß die Warenproduktion, obwohl sie nach wie vor »herrscht« und als Grundlage der gesamten Wirtschaft gilt, in Wirklichkeit bereits untergraben ist und die Hauptprofite den »Genies« der Finanzmachenschaften zufallen. Diesen Machenschaften und Schwindeleien liegt die Vergesellschaftung der Produktion zugrunde, aber der gewaltige Fortschritt der Menschheit, die sich bis zu dieser Vergesellschaftung emporgearbeitet hat, kommt den – Spekulanten zugute. Wir werden weiter unten sehen, wie »auf dieser Grundlage« die kleinbürgerlich-reaktionäre Kritik des kapitalistischen Imperialismus von einer *Rückkehr* zur »freien«, »friedlichen«, »ehrlichen« Konkurrenz träumt.

»Eine dauernde Erhöhung der Preise als Kartellwirkung«, sagt Kestner, »ist bisher nur bei den wichtigen Produktionsmitteln, insbesondere bei Kohle, Eisen, Kali, dagegen auf die Dauer niemals bei Fertigwaren zu verzeichnen gewesen. Die damit zusammenhängende Erhöhung der Rentabilität ist gleichfalls auf die Produktionsmittelindustrie beschränkt geblieben. Diese Beobachtung muß man dahin erweitern, daß die Rohstoffindustrie nicht nur hinsichtlich Einkommensbildung und Rentabilität durch die bisherige Kartellbildung zuungunsten der weiterverarbeitenden Industrie Vorteile erzielt, sondern daß sie über diese ein bei freier Konkurrenz nicht gekanntes *Herrschaftsverhältnis* gewonnen hat.«[1]

Das von uns hervorgehobene Wort deckt das Wesen der

[1] Kestner, a. a. O., S. 254.

Sache auf, das von den bürgerlichen Ökonomen so ungern und selten zugegeben wird und um das die heutigen Verteidiger des Opportunismus mit K. Kautsky an der Spitze so eifrig herumzureden versuchen. Das Herrschaftsverhältnis und die damit verbundene Gewalt – das ist das Typische für die »jüngste Entwicklung des Kapitalismus«, das ist es, was aus der Bildung allmächtiger wirtschaftlicher Monopole unvermeidlich hervorgehen mußte und hervorgegangen ist.

Noch ein Beispiel für das Wirtschaften der Kartelle. Dort, wo man auf alle oder die wichtigsten Rohstoffquellen die Hand legen kann, geht die Entstehung von Kartellen und die Bildung von Monopolen besonders leicht vonstatten. Es wäre jedoch falsch zu glauben, daß Monopole nicht auch in anderen Industriezweigen entstehen, in denen es unmöglich ist, sich der Rohstoffquellen zu bemächtigen. Die Zementindustrie findet ihr Rohmaterial überall. Aber auch diese Industrie ist in Deutschland stark kartelliert. Die Werke sind in Gebietssyndikaten: im süddeutschen, rheinisch-westfälischen usw. zusammengeschlossen; es sind Monopolpreise festgesetzt: 230 bis 280 Mark pro Waggon bei einem Selbstkostenpreis von 180 Mark! Die Betriebe werfen 12–16 % Dividende ab, wobei nicht vergessen werden darf, daß die »Genies« der modernen Spekulation es verstehen, große Summen außer den als Dividende verteilten Gewinnen in ihren Taschen verschwinden zu lassen. Um die Konkurrenz aus einer derart einträglichen Industrie auszuschalten, wenden die Monopolinhaber sogar allerlei Tricks an: Es werden falsche Gerüchte über die schlechte Lage der Industrie verbreitet; in den Zeitungen erscheinen anonyme Anzeigen: »Kapitalisten! Hütet euch, Kapital in Zementfabriken anzulegen.« Schließlich werden die Werke von »Außenseitern« (d. h. von nicht an den Syndikaten Beteiligten) aufgekauft und ihnen »Abstandssummen« von 60 000, 80 000 und 150 000 Mark gezahlt.[1*] Das Monopol bricht sich überall und mit jeglichen Mitteln Bahn, angefangen von

[1*] »Zement« von L. Eschwege: »Die Bank«, 1909. 1, S. 115 ff.

»bescheidenen« Abstandszahlungen bis zur amerikanischen »Anwendung« von Dynamit gegen den Konkurrenten.

Die Ausschaltung der Krisen durch die Kartelle ist ein Märchen bürgerlicher Ökonomen, die den Kapitalismus um jeden Preis beschönigen wollen. Im Gegenteil, das Monopol, das in *einigen* Industriezweigen entsteht, verstärkt und verschärft den chaotischen Charakter, der der *ganzen* kapitalistischen Produktion in ihrer Gesamtheit eigen ist. Das Mißverhältnis zwischen der Entwicklung der Landwirtschaft und der Industrie, das für den Kapitalismus überhaupt charakteristisch ist, wird noch größer. Die privilegierte Stellung, die die am stärksten kartellierte sogenannte *Schwer*industrie, besonders die Kohlen- und Eisenindustrie, einnimmt, ruft in den übrigen Industriezweigen eine »gesteigerte Planlosigkeit« hervor, wie das Jeidels, der Verfasser einer der besten Arbeiten über »das Verhältnis der deutschen Großbanken zur Industrie«, zugibt.[1]

»Je entwickelter eine Volkswirtschaft ist«, schreibt Liefmann, ein vorbehaltloser Verteidiger des Kapitalismus, »um so mehr wendet sie sich riskanteren oder ausländischen Unternehmungen zu, solchen, die einer sehr langen Zeit zu ihrer Entwicklung bedürfen, oder endlich solchen, die von nur lokaler Bedeutung sind.«[2] Das gesteigerte Risiko hängt in letzter Instanz mit der ungeheuren Zunahme des Kapitals zusammen, das sozusagen überschäumt, ins Ausland strömt usw. Und zugleich bringt das beschleunigte Tempo der technischen Entwicklung immer mehr Elemente des Mißverhältnisses zwischen den verschiedenen Teilen der Volkswirtschaft, immer mehr Chaos und Krisen mit sich. Dieser selbe Liefmann ist gezwungen einzugestehen: »Wahrscheinlich stehen der Menschheit in nicht zu ferner Zeit wieder einmal große Umwälzungen auf technischem Gebiet bevor, die ihre Wirkungen auch auf die volkswirtschaftliche Organisation äußern werden«... Elektrizität,

[1] Jeidels, »Das Verhältnis der deutschen Großbanken zur Industrie mit besonderer Berücksichtigung der Eisenindustrie«, Lpz. 1905, S. 271.
[2] Liefmann, »Beteiligungs- etc. Ges.«, S. 434.

Luftschiffahrt ... »In solchen Zeiten grundlegender wirtschaftlicher Veränderungen pflegt sich auch in der Regel eine starke Spekulation zu entwickeln.«[1*]

Die Krisen — jeder Art, am häufigsten ökonomische Krisen, aber nicht nur diese allein — verstärken aber ihrerseits in ungeheurem Maße die Tendenz zur Konzentration und zum Monopol. Hier die höchst lehrreiche Betrachtung von Jeidels über die Bedeutung der Krise von 1900, der Krise, die bekanntlich die Rolle eines Wendepunkts in der Geschichte der modernen Monopole gespielt hat:

»Die Krise von 1900 fand neben den Riesenbetrieben der grundlegenden Industrien viele Betriebe von nach heutigen Begriffen veralteter Organisation, die ›reinen‹« (d.h. nicht kombinierten) »Werke, die von der Welle der Hochkonjunktur mit auf die Höhe gehoben waren. Der Preisfall, der Rückgang des Bedarfs brachten diese ›reinen‹ Werke in eine Not, von der bei den kombinierten Riesenbetrieben zum Teil überhaupt nicht, zum Teil nur ganz kurze Zeit die Rede war. Dadurch führte die jüngste Krisis in ganz anderem Maße zur industriellen Konzentration als die früheren, als die von 1873, die zwar eine Auslese schuf, aber bei dem Stand der Technik keine derartige, daß ein Monopol der siegreich hervorgegangenen Unternehmungen geschaffen wurde. Ein solches dauerndes Monopol haben aber in hohem Grade die Riesenwerke der heutigen Großeisen- und Elektrizitätsindustrie, in geringerem die der Maschinenbranche und gewisser Metall-, Verkehrs- und anderer Gewerbe durch ihre komplizierte Technik, ihre großangelegte Organisation und ihre Kapitalstärke.«[2*]

Das Monopol ist das letzte Wort der »jüngsten Entwicklung des Kapitalismus«. Doch würde unsere Vorstellung von der tatsächlichen Macht und Bedeutung der modernen Monopole höchst ungenügend, lückenhaft und eingeengt sein, wenn wir die Rolle der Banken außer acht ließen.

[1*] Ebenda, S. 465/466.
[2*] Jeidels, a.a.O., S. 108.

Die grundlegende und ursprüngliche Operation der Banken ist die Zahlungsvermittlung. Im Zusammenhang damit verwandeln die Banken brachliegendes Geldkapital in funktionierendes, d. h. profitbringendes Kapital, sie sammeln alle und jegliche Geldeinkünfte und stellen sie der Kapitalistenklasse zur Verfügung.

In dem Maße, wie sich das Bankwesen und seine Konzentration in wenigen Institutionen entwickeln, wachsen die Banken aus bescheidenen Vermittlern zu allmächtigen Monopolinhabern an, die fast über das gesamte Geldkapital aller Kapitalisten und Kleinunternehmer sowie über den größten Teil der Produktionsmittel und Rohstoffquellen des betreffenden Landes oder einer ganzen Reihe von Ländern verfügen. Diese Verwandlung zahlreicher bescheidener Vermittler in ein Häuflein Monopolisten bildet einen der Grundprozesse des Hinüberwachsens des Kapitalismus in den kapitalistischen Imperialismus, und deshalb müssen wir in erster Linie bei der Konzentration des Bankwesens verweilen.

Im Jahre 1907/08 betrugen die Einlagen aller Aktienbanken Deutschlands, die über ein Kapital von mehr als 1 Million Mark verfügten, 7 Milliarden Mark; 1912/13 bereits 9,8 Milliarden. Das ergibt eine Zunahme um 40 % in fünf Jahren, wobei von diesen 2,8 Milliarden Zunahme 2,75 Milliarden auf 57 Banken entfallen, deren jede über ein Kapital von mehr als 10 Millionen Mark verfügte. Die Einlagen verteilten sich auf die Groß- und Kleinbanken wie folgt[1] :

Prozent aller Einlagen

	9 Berliner Großbanken	48 sonstige Banken mit mehr als 10 Mill. Mark Kapital	115 Banken mit 1–10 Mill. Mark	Kleinbanken (weniger als 1 Mill. Mark)
1907/08	47	32,5	16,5	4
1912/13	49	36	12	3

[1] Alfred Lansburgh, »Fünf Jahre deutsches Bankwesen«, »Die Bank«, 1913, Nr. 8, S. 728.

Die Kleinbanken sind von den Großbanken verdrängt, von denen allein neun fast die Hälfte aller Einlagen bei sich konzentrieren. Dabei ist aber noch sehr vieles außer acht gelassen, z. B. die Verwandlung einer ganzen Reihe von Kleinbanken in faktische Zweigstellen der Großbanken usw., wovon weiter unten die Rede sein wird.

Die Einlagen bei den 9 Berliner Großbanken schätzte Schulze-Gaevernitz Ende 1913 auf 5,1 Milliarden Mark von insgesamt rund 10 Milliarden Mark. Im Hinblick nicht allein auf die Einlagen, sondern auf das gesamte Bankkapital schrieb derselbe Autor: »Die 9 Berliner Großbanken *mit den ihnen angegliederten Instituten* verwalteten Ende 1909: 11 276 Millionen Mark, damit rund 83% des gesamten deutschen Bankkapitals. Die ›Deutsche Bank‹, welche *mit ihren Konzernbanken* an 3 Milliarden Mark verwaltet, ist neben dem preußischen Eisenbahnfiskus die größte – dabei höchst dezentralisierte – Kapitalzusammenfassung der alten Welt.«[1]

Wir haben den Hinweis auf die »angegliederten« Banken hervorgehoben, denn das gehört zu einem der wichtigsten Unterscheidungsmerkmale der modernen kapitalistischen Konzentration. Die großen Unternehmungen, besonders die Banken, verschlingen nicht nur unmittelbar die kleinen, sondern »gliedern« sie sich an, unterwerfen sie, schließen sie in »ihre« Gruppe, ihren »Konzern« – wie der technische Ausdruck lautet – ein durch »Beteiligung« an ihrem Kapital, durch Aufkauf oder Austausch von Aktien, durch ein System von Schuldverhältnissen usw. usf. Professor Liefmann hat ein ganzes großes »Werk« von beinahe einem halben Tausend Seiten der Beschreibung der modernen »Beteiligungs- und Finanzierungsgesellschaften«[2] gewidmet, wobei er leider dem vielfach unverdauten Rohmaterial seines Buches recht minderwertige »theoretische« Betrachtungen beifügt. Zu welchem

---

[1] Schulze-Gaevernitz, »Die deutsche Kreditbank« in »Grundriß der Sozialökonomik«, Tüb. 1915, S. 12 und 137.
[2] R. Liefmann, »Beteiligungs- und Finanzierungsgesellschaften. Eine Studie über den modernen Kapitalismus und das Effektenwesen«, 1. Aufl., Jena 1909.

Ergebnis im Sinne der Konzentration dieses System der »Beteiligungen« führt, zeigt am besten das Werk des »Bankmannes« Riesser über die deutschen Großbanken. Bevor wir jedoch zu seinen Angaben übergehen, wollen wir ein konkretes Beispiel des »Beteiligungs«systems anführen.

Die »Gruppe« der »Deutschen Bank« ist eine der größten, wenn nicht die größte, von allen Gruppen der Großbanken. Um die wichtigsten Fäden, die alle Banken dieser Gruppe miteinander verbinden, in Betracht zu ziehen, muß man »Beteiligungen« ersten, zweiten und dritten Grades unterscheiden oder, was dasselbe ist, eine Abhängigkeit (der kleineren Banken von der »Deutschen Bank«) ersten, zweiten und dritten Grades. Es ergibt sich folgendes Bild[1]:

		Abhängigkeit ersten Grades	Abhängigkeit zweiten Grades	Abhängigkeit dritten Grades
Die »Deutsche Bank« ist beteiligt	dauernd auf unbekannte Dauer	an 17 Banken	davon 9 an 34	davon 4 an 7
		„ 5 „	—	—
	mit wechselndem Interesse	„ 8 „	„ 5 „ 14	„ 2 „ 2
	Zusammen	an 30 Banken	davon 14 an 48	davon 6 an 9

Zu den 8 Banken des »ersten Abhängigkeitsgrades«, die sich die »Deutsche Bank« »mit wechselndem Interesse« untergeordnet hat, gehören drei ausländische Banken: eine österreichische (der »Wiener Bankverein«) und zwei russische (die Sibirische Handelsbank und die Russische Bank für auswärtigen Handel). Im ganzen gehören zur Gruppe der »Deutschen Bank« direkt und indirekt, ganz und teilweise 87 Banken, und der Gesamtbetrag des eigenen und fremden Kapitals, über das die Gruppe verfügt, beläuft sich auf 2−3 Milliarden Mark.

Es ist klar, daß eine Bank, die an der Spitze einer solchen Gruppe steht und mit einem halben Dutzend anderer ihr wenig

[1] Alfred Lansburgh, »Das Beteiligungssystem im deutschen Bankwesen«, »Die Bank«, 1910, 1, S. 500.

nachstehender Banken zum Zwecke besonders großer und vorteilhafter Finanzoperationen, wie z. B. Staatsanleihen, eine Verbindung eingeht, bereits über die bloße »Vermittler«rolle hinausgewachsen ist und sich in eine Vereinigung eines Häufleins von Monopolisten verwandelt hat.

Mit welcher Schnelligkeit sich gerade Ende des 19. und Anfang des 20. Jahrhunderts die Konzentration des Bankwesens in Deutschland vollzog, ist aus den folgenden, hier gekürzt wiedergegebenen Angaben Riessers zu ersehen:

6 Berliner Großbanken hatten

Jahr	Niederlassungen in Deutschland	Depositenkassen und Wechselstuben	Ständige Beteiligungen an deutschen Aktienbanken	Summe der Anstalten
1895	16	14	1	42
1900	21	40	8	80
1911	104	276	63	450

Wir sehen, wie schnell ein dichtes Netz von Kanälen entsteht, die das ganze Land überziehen, sämtliche Kapitalien und Geldeinkünfte zentralisieren und Tausende und aber Tausende von zersplitterten Wirtschaften in eine einzige gesamtnationale kapitalistische Wirtschaft und schließlich in die kapitalistische Weltwirtschaft verwandeln. Jene »Dezentralisation«, von der Schulze-Gaevernitz als Vertreter der bürgerlichen politischen Ökonomie unserer Tage in dem oben angeführten Zitat spricht, besteht in Wirklichkeit darin, daß zunehmend immer mehr früher verhältnismäßig »selbständige« oder, richtiger gesagt, lokal begrenzte Wirtschaftseinheiten einem einzigen Zentrum unterworfen werden. In Wirklichkeit ist das also eine *Zentralisation,* eine Steigerung der Rolle der Bedeutung, der Macht der Monopolriesen.

In den älteren kapitalistischen Ländern ist dieses »Banknetz« noch dichter. In England einschließlich Irland belief sich 1910 die Zahl der Niederlassungen aller Banken auf 7151. Vier

Großbanken hatten je über 400 Filialen (von 447 bis 689), weitere 4 je über 200 und 11 je über 100.

In Frankreich entwickelten *drei* Großbanken, »Crédit Lyonnais«, »Comptoir National« und »Société Générale«, ihre Operationen und ihr Filialnetz wie folgt[1*]:

| | Anzahl der Niederlassungen und Kassen | | | Höhe des Kapitals | |
| | in der Provinz | in Paris | insge- samt | eigenes | fremdes |
				(in Millionen Francs)	
1870	47	17	64	200	427
1890	192	66	258	265	1 245
1909	1 033	196	1 229	887	4 363

Zur Charakteristik der »Verbindungen«, die eine moderne Großbank hat, führt Riesser Zahlen über die einlaufenden und abgesandten Briefe bei der »Disconto-Gesellschaft« an, einer der größten Banken Deutschlands und der ganzen Welt (1914 erreichte ihr Kapital 300 Millionen Mark):

| | Zahl der Briefe | |
	Eingang	Ausgang
1852	6 135	6 292
1870	85 800	87 513
1900	533 102	626 043

Bei der Pariser Großbank »Crédit Lyonnais« stieg die Zahl der Konten von 28 535 im Jahre 1875 auf 633 539 im Jahre 1912.[2*]

Diese einfachen Zahlen zeigen wohl anschaulicher als langatmige Betrachtungen, wie sich mit der Konzentration des Kapitals und dem Wachstum des Umsatzes die Bedeutung der Banken von Grund aus ändert. Aus den zersplitterten Kapitalisten entsteht ein einziger kollektiver Kapitalist. Die Bank, die

[1*] Eugen Kaufmann, »Das französische Bankwesen«, Tüb. 1911, S. 356 und 362.
[2*] Jean Lescure, »L'épargne en France« [Das Sparwesen in Frankreich], P. 1914, S. 52.

das Kontokorrent für bestimmte Kapitalisten führt, übt scheinbar eine rein technische, eine bloße Hilfsoperation aus. Sobald aber diese Operation Riesendimensionen annimmt, zeigt sich, daß eine Handvoll Monopolisten sich die Handels- und Industrieoperationen der ganzen kapitalistischen Gesellschaft unterwirft, indem sie — durch die Bankverbindungen, Kontokorrente und andere Finanzoperationen — die Möglichkeit erhält, sich zunächst über die Geschäftslage der einzelnen Kapitalisten *genau zu informieren,* dann sie zu *kontrollieren,* sie durch Erweiterung oder Schmälerung, Erleichterung oder Erschwerung des Kredits zu beeinflussen und schließlich ihr Schicksal *restlos zu bestimmen,* die Höhe ihrer Einkünfte zu bestimmen, ihnen Kapital zu entziehen oder ihnen die Möglichkeit zu geben, ihr Kapital rasch und in großem Umfang zu erhöhen usw.

Wir erwähnten soeben das Dreihundertmillionenkapital der Berliner »Disconto-Gesellschaft«. Diese Kapitalerhöhung der »Disconto-Gesellschaft« war eine der Episoden im Kampf um die Hegemonie zwischen den beiden größten Berliner Banken, der »Deutschen Bank« und der »Disconto-Gesellschaft«. Im Jahre 1870 war erstere noch ein Neuling und besaß im ganzen ein Kapital von 15 Mill. Mark, letztere dagegen von 30 Mill. Im Jahre 1908 hatte erstere ein Kapital von 200 Mill., letztere von 170 Mill. Im Jahre 1914 erhöhte die »Deutsche Bank« ihr Kapital auf 250 Mill. Mark, während die »Disconto-Gesellschaft« das ihrige durch Fusion mit einer anderen erstklassigen Großbank, dem »Schaaffhausenschen Bankverein«, auf 300 Mill. brachte. Selbstverständlich geht dieser Kampf um die Hegemonie Hand in Hand mit immer häufigeren und festeren »Vereinbarungen« zwischen den beiden Banken. Hier die Schlußfolgerungen, die sich durch diesen Entwicklungsgang Bankfachleuten aufdrängen, welche Wirtschaftsfragen unter einem Gesichtspunkt betrachten, der keineswegs über den Rahmen höchst gemäßigten und akkuraten bürgerlichen Reformertums hinausgeht:

»Weitere Banken werden auf dem beschrittenen Wege nachfolgen«, schrieb die deutsche Zeitschrift »Die Bank« anläßlich der Kapitalerhöhung der »Disconto-Gesellschaft« auf 300 Mill. Mark, ». . . und aus den 300 Personen, die heute Deutschland wirtschaftlich regieren, werden mit der Zeit 50, 25 oder noch weniger werden. Es ist auch nicht zu erwarten, daß die neueste Konzentrationsbewegung sich auf das Bankwesen beschränken wird. Die engeren Beziehungen zwischen einzelnen Banken führen naturgemäß auch eine Annäherung zwischen den von ihnen patronisierten Industriekonzernen herbei . . . und eines Tages werden wir aufwachen und uns die Augen reiben: Neben uns lauter Trusts, vor uns die Notwendigkeit, die Privatmonopole durch Staatsmonopole abzulösen. Und doch haben wir uns im Grunde nichts anderes vorzuwerfen, als daß wir der Entwicklung der Dinge ihren freien, durch die *Aktie* ein wenig beschleunigten Gang gelassen haben.«[1]

Das ist ein Musterbeispiel für die Hilflosigkeit der bürgerlichen Publizistik, von der sich die bürgerliche Wissenschaft nur durch einen geringen Grad von Aufrichtigkeit und durch das Bestreben unterscheidet, das Wesen der Dinge zu vertuschen, den Wald durch Bäume zu verdecken. Man »reibt sich die Augen«, bestürzt über die Folgen der Konzentration, man macht der Regierung des kapitalistischen Deutschlands oder der kapitalistischen »Gesellschaft« (»uns«) »Vorwürfe«, man fürchtet die »Beschleunigung« der Konzentration durch die Einführung von Aktien, wie der deutsche »Kartell«spezialist Tschierschky, der die amerikanischen Trusts fürchtet und die deutschen Kartelle »vorzieht«, weil sie angeblich »den technischen und wirtschaftlichen Fortschritt . . . nicht so überstürzen wie die Trusts«[2] – ist das nicht Hilflosigkeit?

Aber Tatsachen bleiben Tatsachen. Deutschland kennt zwar keine Trusts, sondern »nur« Kartelle, wird aber dennoch von höchstens 300 Kapitalmagnaten *regiert,* und ihre Zahl wird stetig geringer. In jedem Fall, in allen kapitalistischen Ländern, bei aller Verschiedenartigkeit der Bankgesetzgebung wird der Prozeß der Kapitalkonzentration und der Monopolbildung durch die Banken gewaltig verstärkt und beschleunigt.

[1] A. Lansburgh, »Die Bank mit den 300 Millionen«, »Die Bank«, 1914, 1, S. 426.
[2] S. Tschierschky, a. a. O., S. 128.

Mit den Banken ist »die Form einer allgemeinen Buchführung und Verteilung der Produktionsmittel auf gesellschaftlicher Stufenleiter gegeben, aber auch nur die Form«, schrieb Marx vor einem halben Jahrhundert im »Kapital« (russ. Übersetzung Bd. III, Teil II, S. 144[14]). Die von uns angeführten Daten über das Wachstum des Bankkapitals, über die Zunahme der Zahl der Filialen und Zweigstellen der Großbanken, der Zahl ihrer Konten usw. zeigen uns konkret diese »allgemeine Buchführung« der *ganzen* Klasse der Kapitalisten und sogar nicht nur der Kapitalisten allein, denn die Banken sammeln, sei es auch nur vorübergehend, alle möglichen Geldeinkünfte, sowohl der kleinen Unternehmer als auch der Angestellten und einer winzigen Oberschicht der Arbeiter. Eine »allgemeine Verteilung der Produktionsmittel« – das ist es, was formal gesehen aus den modernen Banken *erwächst,* von denen drei bis sechs Großbanken in Frankreich und sechs bis acht in Deutschland über Milliarden und aber Milliarden verfügen. Ihrem *Inhalt* nach aber ist diese Verteilung der Produktionsmittel keineswegs »allgemein«, sondern privat, d. h., sie ist den Interessen des großen – in erster Linie des allergrößten, monopolistischen – Kapitals angepaßt, das unter Verhältnissen operiert, wo die Masse der Bevölkerung ein Hungerdasein fristet, die ganze Entwicklung der Landwirtschaft hinter der Entwicklung der Industrie hoffnungslos zurückbleibt und die »Schwerindustrie« sich alle übrigen Zweige der Industrie tributpflichtig macht.

Bei der Vergesellschaftung der kapitalistischen Wirtschaft beginnen mit den Banken die Sparkassen und Postanstalten zu konkurrieren, die »dezentralisierter« als die Banken sind, d. h. mit ihrem Einfluß in mehr Gebiete, in entlegenere Orte und breitere Bevölkerungsschichten eindringen. Nachfolgend Vergleichsdaten, die eine amerikanische Kommission über die Entwicklung der Einlagen in den Banken und den Sparkassen gesammelt hat.[*]

---

[*] Angaben der amerikanischen »National Monetary Commission« in »Die Bank«, 1910, 2, S. 1200.

Einlagen (in Milliarden Mark)

	England		Frankreich		Deutschland		
	in Banken	in Spar-kassen	in Banken	in Spar-kassen	in Banken	in Kredit-genossen-schaften	in Spar-kassen
1880	8,4	1,6	?	0,9	0,5	0,4	2,6
1888	12,4	2,0	1,5	2,1	1,1	0,4	4,5
1908	23,2	4,2	3,7	4,2	7,1	2,2	13,9

Die Sparkassen, die für Einlagen 4 und $4^1/_4\%$ zahlen, müssen eine »rentable« Anlagemöglichkeit für ihre Kapitalien suchen, sich in Wechsel-, Hypotheken- und andere Operationen einlassen. Die Grenzen zwischen Banken und Sparkassen »verwischen sich immer mehr«. Die Handelskammern von Bochum und Erfurt z. B. verlangen, daß den Sparkassen »reine« Bankoperationen wie die Diskontierung von Wechseln »verboten« werden und daß die »Bank«tätigkeit der Postämter eingeschränkt wird.[1] Es sieht so aus, als ob die Bankmagnaten Angst hätten, das Staatsmonopol könnte sich von unerwarteter Seite her an sie heranschleichen. Aber diese Angst geht selbstverständlich nicht über den Rahmen einer Konkurrenz, sagen wir, zwischen zwei Abteilungschefs in ein und derselben Kanzlei hinaus. Denn einerseits verfügen über die Milliardeneinlagen der Sparkassen in Wirklichkeit zu guter Letzt *ein und dieselben* Magnaten des Bankkapitals; und anderseits ist ein Staatsmonopol in der kapitalistischen Gesellschaft lediglich ein Mittel zur Erhöhung und Sicherung der Einkünfte für Millionäre aus diesem oder jenem Industriezweig, die dem Bankrott nahe sind.

Die Ablösung des alten Kapitalismus mit der Herrschaft der freien Konkurrenz durch den neuen Kapitalismus mit der Herrschaft des Monopols findet unter anderem ihren Ausdruck in der sinkenden Bedeutung der Börse. »Die Börse«, lesen wir

[1] Ebenda, 1913, S. 811, 1022; 1914, S. 713.

in der Zeitschrift »Die Bank«, »hat längst aufgehört, der un-entbehrliche Umsatzvermittler zu sein, der sie früher war, als die Banken noch nicht die meisten Emissionen in ihrer Kund-schaft unterbringen konnten.«[1]

»›Jede Bank ist eine Börse‹ – ist ein Ausspruch, der einen um so größeren Grad von Wahrheit enthält, je größer die Bank ist und je mehr die Konzentration im Bankgewerbe Fortschritte macht.«[2] »Hatte einst in den siebziger Jahren eine jugendlich ausschweifende Börse« (eine »zarte« Anspielung auf den Börsenkrach von 1873, auf die Gründerskandale[15] usw.) »die Industrialisierung Deutschlands eingeleitet, ... so können heute Banken und Industrie ›allein reiten‹. Die Börsenherr-schaft unserer Großbanken ... ist nichts als ein Ausdruck des voll organisierten deutschen Industriestaates. Wird damit das Gebiet der automatisch wirkenden Wirtschaftsgesetze be-schnitten und das Gebiet bewußter Regelung durch die Banken außerordentlich erweitert, so wächst damit die volkswirt-schaftliche Verantwortung weniger leitender Köpfe ins Un-gemessene.«[3] So schreibt der deutsche Professor Schulze-Gaevernitz, ein Apologet des deutschen Imperialismus, eine Autorität für die Imperialisten aller Länder, ein Mann, der nur »eine Kleinigkeit« zu vertuschen sucht, nämlich, daß diese »bewußte Regelung« durch die Banken im Schröpfen des Pu-blikums durch ein Häuflein »voll organisierter« Monopolisten besteht. Die Aufgabe eines bürgerlichen Professors besteht eben nicht darin, diese ganze Mechanik aufzudecken und die Machenschaften der Bankmonopolisten zu enthüllen, sondern darin, sie zu beschönigen.

Genauso macht es Riesser, ein Ökonom und »Bankmann« mit noch größerer Autorität, der Tatsachen, die sich nicht leugnen lassen, mit ein paar nichtssagenden Phrasen abtut: »Daraus ergibt sich dann auch, daß die Börse die für die Gesamtwirt-

[1] »Die Bank«, 1914, 1, S. 316.
[2] Dr. Oskar Stillich, »Geld- und Bankwesen«, Berlin 1907, S. 169.
[3] Schulze-Gaevernitz, »Die deutsche Kreditbank« in »Grundriß der Sozial-ökonomik«, Tüb. 1915, S. 101.

schaft und den Wertpapierverkehr unerläßliche Eigenschaft immer mehr verliert, nicht nur das feinste Meßinstrument, sondern auch ein ›beinahe automatisch wirkender Regulator der an ihr zusammenströmenden wirtschaftlichen Bewegungen‹ zu sein.«[1]

Mit anderen Worten: Der alte Kapitalismus, der Kapitalismus der freien Konkurrenz mit der Börse als unerläßlichem Regulator, schwindet dahin. Er wird von einem neuen Kapitalismus abgelöst, dem deutliche Züge einer Übergangserscheinung, einer Mischform von freier Konkurrenz und Monopol anhaften. Natürlich drängt sich die Frage auf, *in was* dieser neueste Kapitalismus »übergeht«, aber die bürgerlichen Gelehrten schrecken vor dieser Fragestellung zurück.

»Vor 30 Jahren verrichteten frei konkurrierende Unternehmer $9/10$ derjenigen wirtschaftlichen Arbeit, welche nicht als Handfertigkeit dem ›Arbeiter‹ zufiel. Heute leisten *Beamte* $9/10$ jener wirtschaftlichen Kopfarbeit. Das Bankwesen steht an der Spitze dieser Entwicklung.«[2] Dieses Eingeständnis von Schulze-Gaevernitz läuft sogleich wieder auf die Frage hinaus, in was der moderne Kapitalismus, der Kapitalismus in seinem imperialistischen Stadium, übergeht. – – –

Unter den wenigen Banken, die infolge des Konzentrationsprozesses an der Spitze der gesamten kapitalistischen Wirtschaft übrigbleiben, macht sich natürlich immer stärker das Bestreben geltend, monopolistische Abmachungen miteinander zu treffen, einen *Banktrust* zu bilden. In Amerika beherrschen nicht neun, sondern *zwei* Großbanken, die der Milliardäre Rockefeller und Morgan, ein Kapital von 11 Milliarden Mark.[3] In Deutschland veranlaßte die oben von uns erwähnte Aufsaugung des »Schaaffhausenschen Bankvereins« durch die »Disconto-Gesellschaft« die »Frankfurter Zeitung«, das Blatt der Börseninteressen, zu folgendem Kommentar:

[1] Riesser, a. a. O., 4. Aufl., S. 629.
[2] Schulze-Gaevernitz, »Die deutsche Kreditbank« in »Grundriß der Sozialökonomik«, Tüb. 1915, S. 151.
[3] »Die Bank«, 1912, 1, S. 435.

»Mit der fortschreitenden Konzentrationsbewegung engt sich der Kreis, an den man mit den großen Kreditansprüchen herantreten kann, ständig ein, so daß die Abhängigkeit der Großindustrie von einigen wenigen Bankkonzernen zunimmt. Bei den inneren Zusammenhängen zwischen Industrie und Finanz wird die Bewegungsfreiheit der auf Bankkapital angewiesenen Industriegesellschaften eingeschränkt. Deshalb begleitet die Großindustrie die zunehmende Vertrustung der Banken mit gemischten Gefühlen; zeigen sich doch schon mehrfach Ansätze zu gewissen Abmachungen zwischen den einzelnen Großbankkonzernen, die auf eine Beschränkung des Wettbewerbs hinauslaufen.«[1*]

Das letzte Wort in der Entwicklung des Bankwesens ist immer wieder das Monopol.

Was den engen Zusammenhang zwischen Banken und Industrie betrifft, so tritt gerade hier die neue Rolle der Banken vielleicht am anschaulichsten zutage. Wenn die Bank die Wechsel irgendeines Unternehmers diskontiert, ihm ein Kontokorrent eröffnet usw., so vermindern diese Operationen, einzeln betrachtet, die Selbständigkeit dieses Unternehmers um keinen Deut, und die Bank bleibt in der bescheidenen Rolle eines Vermittlers. Sobald aber diese Operationen sich häufen und zu einer ständigen Einrichtung werden, sobald die Bank Kapitalien von ungeheuren Dimensionen in ihrer Hand »ansammelt«, sobald die Führung des Kontokorrents eines Unternehmens die Bank in die Lage versetzt − und das ist ja der Fall −, die wirtschaftliche Lage ihres Kunden immer genauer und vollständiger kennenzulernen, ergibt sich eine immer vollständigere Abhängigkeit des Industriekapitalisten von der Bank.

Zugleich entwickelt sich sozusagen eine Personalunion der Banken mit den größten Industrie- und Handelsunternehmungen, eine beiderseitige Verschmelzung durch Aktienbesitz, durch Eintritt der Bankdirektoren in die Aufsichtsräte (oder die

[1*] Zitiert bei Schulze-Gaevernitz in »Grdr. d. S.-Ök.«, S. 155.

Vorstände) der Handels- und Industrieunternehmungen und umgekehrt. Der deutsche Ökonom Jeidels hat über diese Art der Konzentration von Kapitalien und Unternehmungen genaue Daten gesammelt. Die sechs größten Berliner Banken waren durch ihre Direktoren in *344* Industriegesellschaften und durch ihre Vorstandsmitglieder in weiteren *407*, insgesamt also in *751* Gesellschaften vertreten. In *289* Gesellschaften hatten sie entweder je zwei Mitglieder im Aufsichtsrat oder den Posten des Vorsitzenden. Unter diesen Handels- und Industriegesellschaften finden wir die mannigfachsten Industriezweige, Versicherungswesen wie Verkehrswesen, Restaurationsbetriebe, Theater, Kunstgewerbe usw. Anderseits saßen (1910) in den Aufsichtsräten dieser sechs Banken 51 Großindustrielle, darunter ein Direktor von Krupp, einer der großen Schiffahrtsgesellschaft »Hapag« (Hamburg-Amerika-Linie) usw. usf. Jede dieser sechs Banken hat von 1895 bis 1910 an der Emission von Aktien und Obligationen mehrerer hundert Industriegesellschaften, und zwar zwischen 281 und 419, teilgenommen.[1*]

Die »Personalunion« der Banken mit der Industrie findet ihre Ergänzung in der »Personalunion« der einen wie der anderen Gesellschaften mit der Regierung. Jeidels schreibt: »Freiwillig werden Aufsichtsratsstellen gewährt an Personen mit gutklingenden Namen, auch ehemaligen Staatsbeamten, die im Verkehr mit den Behörden manche Erleichterung (!!) schaffen können« ... »Im Aufsichtsrat einer Großbank sieht man gewöhnlich ... ein Parlamentsmitglied oder ein Mitglied der Berliner Stadtverwaltung«.

Die Herausbildung und Weiterbildung der großkapitalistischen Monopole geht also auf »natürlichem« und »übernatürlichem« Wege mit Volldampf voraus. Es kommt systematisch eine gewisse Arbeitsteilung unter den paar hundert Finanzkönigen der modernen kapitalistischen Gesellschaft zustande:

»Dieser Erweiterung des Tätigkeitsgebiets einzelner Großindustrieller« (die Vorstandsmitglieder der Banken werden

[1*] Jeidels und Riesser, a. a. O.

usw.) »und der Beschränkung von Provinzdirektoren auf einen bestimmten Industriebezirk geht eine gewisse zunehmende Spezialisierung der Leiter der Großbanken auf besondere Geschäftszweige zur Seite. Sie ist erst denkbar bei großem Umfang des gesamten Bankgeschäfts und der Industriebeziehungen im besonderen. Diese Arbeitsteilung vollzieht sich in der doppelten Richtung, daß der Verkehr mit der Industrie als Ganzes einem der Direktoren als Spezialgebiet überwiesen wird und daß daneben jeder Direktor einzelne isolierte oder mehrere nach Gewerbe und Interessen verwandte Unternehmungen zur Überwachung als Aufsichtsratsmitglied übernimmt« (der Kapitalismus ist bereits zu einer organisierten *Kontrolle* über die einzelnen Unternehmungen herangereift). »Die inländische Industrie, mitunter auch die westdeutsche allein« (Westdeutschland ist der industriell entwickeltste Teil Deutschlands), »werden die Domäne des einen, die Beziehungen zu Staaten und Industrie des Auslands, die Personalien, das Börsengeschäft usw. die Spezialität der anderen. Daneben hat dann von den einzelnen Bankdirektoren oft jeder noch ein besonderes Gewerbe oder eine besondere Gegend, wo er als Aufsichtsratsmitglied etwas zu sagen hat; der eine ist vorwiegend im Aufsichtsrat von Elektrizitätsgesellschaften, der andere in dem chemischer Fabriken, Brauereien oder Zuckerfabriken, wieder andere findet man nur bei nichtindustriellen Gesellschaften, etwa der Versicherungsbranche, im Aufsichtsrat ... Sicher ist, daß bei den Großbanken in gleichem Maße wie Umfang und Vielseitigkeit des Geschäfts wachsen, eine zunehmende Arbeitsteilung unter den Leitern um sich greift mit dem Zweck (und Erfolg), sie gewissermaßen aus dem reinen Bankgeschäft etwas herauszuheben und für die allgemeinen Fragen der Industrie und die speziellen der einzelnen Gewerbe urteilsfähiger und sachverständiger und dadurch innerhalb der industriellen Einflußsphäre der Bank aktionsfähiger zu machen. Ergänzt wird dieses System der Banken durch das Streben, in Dingen der Industrie sachverständige Personen in ihren eigenen Aufsichtsrat oder den ihrer Unterbanken zu wählen, Industrielle, ehemalige Beamte, namentlich solche des Eisenbahndienstes und Bergwesens« usw.[1]

Einrichtungen gleicher Art, nur in etwas anderer Form, finden wir auch im französischen Bankwesen. Eine der drei größten Banken Frankreichs, der »Crédit Lyonnais«, hat z. B. ein besonderes »Finanzstudienbüro« (Service des études financières) eingerichtet. Dort arbeiten ständig über 50 Personen – Ingenieure, Statistiker, Nationalökonomen, Juristen usw. Die Kosten dieses Büros belaufen sich auf sechs- bis siebenhunderttausend Francs jährlich. Es zerfällt seinerseits in acht Abteilungen: Die eine sammelt Angaben speziell über Industrieunternehmungen, die andere verfolgt die allgemeine Statistik, die dritte studiert die Eisenbahn- und Dampfschiffahrtsgesellschaften, die vierte Wertpapiere, die fünfte Finanzberichte usw.[2]

Die Folge ist einerseits eine immer größere Verschmelzung oder, nach einem treffenden Ausdruck von N. I. Bucharin, ein Verwachsen des Bankkapitals mit dem Industriekapital, und anderseits ein Hinüberwachsen der Banken in Institutionen von wahrhaft »universalem Charakter«. Wir halten es für notwendig, genau die Formulierungen von Jeidels über diese Frage anzuführen, der die Dinge am eingehendsten studiert hat:

»Als Resultat der Betrachtung der Industriebeziehungen in ihrer Gesamtheit ergibt sich der *universale Charakter* der für die Industrie tätigen Finanzinstitute: Im Gegensatz zu anderen Bankformen und im Gegensatz zu der zuweilen von der Literatur aufgestellten Forderung, die Banken sollten sich auf ein bestimmtes Gebiet oder Gewerbe spezialisieren, um den Boden nicht unter den Füßen zu verlieren – suchen die Großbanken ihre Verbindungen mit industriellen Unternehmungen nach Ort und Gewerbeart möglichst vielseitig zu gestalten, die Ungleichheiten in der örtlichen und gewerblichen Verteilung, die sich aus der Geschichte der einzelnen Institute erklärt, mehr

[1] Jeidels, a. a. O., S. 156/157.
[2] Der Artikel Eug. Kaufmanns über die französischen Banken in »Die Bank«, 1909, 2, S. 851 ff.

und mehr zu beseitigen ... Die Verbindung mit der Industrie allgemein zu machen ist die eine, sie dauernd und intensiv zu machen die andere Tendenz; beide sind in den sechs Großbanken in nicht ganz, aber im wesentlichen gleichem Maße bereits stark verwirklicht.«[1]

Aus Handels- und Industriekreisen werden oft Klagen über den »Terrorismus« der Banken laut. Es ist nicht verwunderlich, daß derartige Klagen laut werden, wenn die Großbanken so »kommandieren«, wie folgendes Beispiel zeigt. Am 19. November 1901 wandte sich eine der sogenannten Berliner *D*-Banken (die Namen der vier größten Banken Berlins fangen mit dem Buchstaben *D* an) an den Vorstand des Nordwestmitteldeutschen Zementsyndikats mit folgendem Brief: »Nach der im Reichsanzeiger vom 18. cr. veröffentlichten Bekanntmachung Ihrer Gesellschaft müssen wir mit der Möglichkeit rechnen, daß in der am 30. des Monats stattfindenden Generalversammlung Beschlüsse gefaßt werden, die geeignet sein können, Veränderungen uns nicht genehmer Art in Ihrem Geschäftsbetrieb herbeizuführen. Aus diesem Grunde müssen wir zu unserem lebhaften Bedauern den Ihnen eingeräumten Kredit hiermit zurückziehen ... Wenn indes in der angegebenen Generalversammlung nichts beschlossen wird, was uns nicht genehm ist, und wir in dieser Beziehung durch uns konvenierende Garantien auch für die Zukunft geschützt sind, so erklären wir uns gern bereit, wegen Gewährung eines neuen Kredits mit Ihnen in Verhandlung zu treten.«[2]

Im Grunde genommen sind das die alten Klagen des Kleinkapitals über den Druck des Großkapitals, nur ist hier ein ganzes Syndikat in die Kategorie der »Kleinen« geraten! Der alte Kampf zwischen Klein- und Großkapital wiederholt sich auf einer neuen, unvergleichlich höheren Entwicklungsstufe. Selbstverständlich können die Milliardenunternehmungen der Großbanken auch den technischen Fortschritt mit Mitteln fördern, mit denen sich die früheren in keiner Weise verglei-

[1] Jeidels, a. a. O., S. 180.

[2] Dr. Oskar Stillich, »Geld- und Bankwesen«, Berlin 1907, S. 147.

chen lassen. Die Banken errichten z. B. besondere Gesellschaften für technische Forschungen, deren Ergebnisse natürlich nur »befreundeten« Industrieunternehmungen zugute kommen. Hierher gehören die »Studiengesellschaft für elektrische Schnellbahnen«, die »Zentralstelle für wissenschaftlich-technische Untersuchungen« u. a. m.

Die Leiter der Großbanken selbst können sich nicht der Einsicht verschließen, daß neue Verhältnisse der Volkswirtschaft im Entstehen begriffen sind, aber sie stehen ihnen hilflos gegenüber:

»Wer den Personenwechsel in Direktion und Aufsichtsrat der Großbanken in den letzten Jahren beobachtet hat«, schreibt Jeidels, »mußte merken, wie allmählich Personen ans Ruder kamen, die ein aktives Eingreifen in die Gesamtentwicklung der Industrie für die notwendige, immer aktueller werdende Aufgabe der Großbanken halten, wie sich zwischen ihnen und den älteren Direktoren der Banken daraus ein sachlicher und oft persönlicher Gegensatz entwickelt. Es handelt sich bei diesem im Grunde darum, ob nicht mit dem Hinübergreifen der Banken in den industriellen Produktionsprozeß ihr Geschäft als Kreditinstitut leidet, die soliden Grundsätze und der sichere Gewinn geopfert werden zugunsten einer Tätigkeit, die mit der Kreditvermittlung nichts zu tun habe und die Bank auf ein Gebiet führe, wo sie dem blinden Walten industrieller Konjunktur noch mehr ausgesetzt sei als bisher. Während viele der älteren Bankleiter dies behaupten, sieht die Mehrzahl der jüngeren in dem aktiven Eingreifen in die Fragen der Industrie dieselbe Notwendigkeit, die mit der modernen großindustriellen Entwicklung die Großbanken und das heutige industrielle Bankgeschäft hervorgerufen hat. Nur darin sind sich beide Teile einig, daß feste Grundsätze und ein konkretes Ziel für die neue Tätigkeit der Großbanken noch nicht existieren.«[1]

Der alte Kapitalismus hat sich überlebt. Der neue ist ein Übergang zu etwas anderem. »Feste Grundsätze und ein konkretes Ziel« für die »Versöhnung« des Monopols mit der

[1] Jeidels, a. a. O., S. 183/184.

freien Konkurrenz finden zu wollen ist selbstverständlich eine hoffnungslose Sache. Das Eingeständnis der Männer der Praxis klingt ganz anders als die amtliche Verherrlichung der Reize des »organisierten« Kapitalismus durch seine Apologeten vom Schlage eines Schulze-Gaevernitz, Liefmann und ähnlicher »Theoretiker«.

In welche Zeit fällt nun die endgültige Konsolidierung der »neuen Tätigkeit« der Großbanken? Auf diese wichtige Frage finden wir eine ziemlich genaue Antwort bei Jeidels:

»Die Industriebeziehungen mit ihrem neuen Gegenstand, ihren neuen Formen und ihren neuen Organen, das ist den gleichzeitig zentralistisch und dezentralistisch organisierten Großbanken, bilden sich als charakteristische volkswirtschaftliche Erscheinungen kaum vor den neunziger Jahren; in gewissem Sinne kann man diesen Anfangspunkt sogar erst in das Jahr 1897 mit seinen großen Fusionen, welche die neue Form dezentralistischer Organisation erstmalig aus Gründen industrieller Bankpolitik einführen, oder man kann ihn vielleicht deshalb auf einen noch späteren Termin verlegen, weil die Krise den Konzentrationsprozeß wie in der Industrie so im Bankwesen enorm beschleunigt und verstärkt und den Verkehr mit der Industrie erst recht zu einem Monopol der Großbanken und ihn im einzelnen bedeutend enger und intensiver gemacht hat.«[1]

Das 20. Jahrhundert ist also der Wendepunkt vom alten zum neuen Kapitalismus, von der Herrschaft des Kapitals schlechthin zu der Herrschaft des Finanzkapitals.

III. Finanzkapital und Finanzoligarchie

»Ein immer wachsender Teil des Kapitals der Industrie«, schreibt Hilferding, »gehört nicht den Industriellen, die es anwenden. Sie erhalten die Verfügung über das Kapital nur durch die Bank, die ihnen gegenüber den Eigentümer vertritt.

[1] Ebenda, S. 181.

Anderseits muß die Bank einen immer wachsenden Teil ihrer Kapitalien in der Industrie fixieren. Sie wird damit in immer größerem Umfang industrieller Kapitalist. Ich nenne das Bankkapital, also Kapital in Geldform, das auf diese Weise in Wirklichkeit in industrielles Kapital verwandelt ist, das Finanzkapital.« Das Finanzkapital ist also »Kapital in der Verfügung der Banken und in der Verwendung der Industriellen«[1*].

Diese Definition ist insofern unvollständig, als ihr der Hinweis auf eines der wichtigsten Momente fehlt, nämlich auf die Zunahme der Konzentration der Produktion und des Kapitals in einem so hohen Grade, daß die Konzentration zum Monopol führt und geführt hat. Doch wird in der ganzen Darstellung Hilferdings überhaupt und insbesondere in den zwei Kapiteln, die demjenigen, dem diese Definition entnommen ist, vorangehen, die Rolle der *kapitalistischen Monopole* hervorgehoben.

Konzentration der Produktion, daraus erwachsende Monopole, Verschmelzung oder Verwachsen der Banken mit der Industrie – das ist die Entstehungsgeschichte des Finanzkapitals und der Inhalt dieses Begriffs.

Wir haben jetzt zu schildern, wie das »Wirtschaften« der kapitalistischen Monopole im allgemeinen Milieu der Warenproduktion und des Privateigentums unvermeidlich zur Herrschaft der Finanzoligarchie wird. Zu bemerken ist, daß die Vertreter der deutschen – und nicht allein der deutschen – bürgerlichen Wissenschaft, wie Riesser, Schulze-Gaevernitz, Liefmann u. a., ausnahmslos Apologeten des Imperialismus und des Finanzkapitals sind. Sie enthüllen nicht die »Mechanik« der Entstehung der Oligarchie, ihre Methoden, den Umfang ihrer Einkünfte, »der makellosen wie der makelhaften«, ihre Verbindungen mit den Parlamenten usw. usf., sondern vertuschen und beschönigen sie. Sie tun diese »verdammten Fragen« wichtigtuerisch mit dunklen Phrasen ab, indem sie an das »Verantwortungsgefühl« der Bankdirektoren appellieren, das

1* R. Hilferding, »Das Finanzkapital«, M. 1912, S. 338/339 [a. a. O., S. 335, 336].

»Pflichtgefühl« der preußischen Beamten in den Himmel heben, sich ernsthaft mit dem Krimskrams ganz unernster Gesetzentwürfe über »Aufsicht« und »Reglementierung« beschäftigen und sich mit müßiger theoretischer Tändelei abgeben, in der Art z. B. folgender »wissenschaftlicher« Definition, zu der sich der Professor Liefmann versteigt: »...**Handel ist die Erwerbstätigkeit mittelst Sammelns, Vorrathaltens und Zur-Verfügung-Stellens von Gütern...**«[1] (Kursiv und fettgedruckt in dem Werk des Professors.) Demnach hätte es Handel schon beim Urmenschen gegeben, dem Tausch noch unbekannt war, und es müßte ihn auch in der sozialistischen Gesellschaft geben!

Aber die ungeheuerlichen Tatsachen, die die ungeheuerliche Herrschaft der Finanzoligarchie betreffen, springen dermaßen in die Augen, daß in allen kapitalistischen Ländern, in Amerika wie in Frankreich und Deutschland, eine Literatur entstanden ist, die vom *bürgerlichen* Standpunkt ausgeht und dennoch ein annähernd wahres Bild sowie eine − natürlich kleinbürgerliche − Kritik der Finanzoligarchie gibt.

Die Hauptaufmerksamkeit ist dem »Beteiligungssystem« zuzuwenden, von dem oben bereits kurz die Rede war. Der deutsche Ökonom Heymann, der diesem System wohl als erster Beachtung geschenkt hat, beschreibt das Wesen der Sache folgendermaßen:

»Der Leiter kontrolliert die Muttergesellschaft, diese die Tochtergesellschaften, diese wieder die Enkel usw., so daß man mit nicht allzu großem Kapital Riesengebiete der Produktion beherrschen kann; denn wenn immer die Herrschaft über 50 % des Kapitals zur Kontrolle genügt, so braucht der Leiter nur 1 Mill. zu besitzen, um schon 8 Mill. Kapital bei den Enkelgesellschaften kontrollieren zu können. Schachtelt er noch weiter, so kommt er auf 16 Mill., 32 Mill. usw.«[2]

In Wirklichkeit aber zeigt die Erfahrung, daß der Besitz von

[1] R. Liefmann, a. a. O., S. 476.
[2] Hans Gideon Heymann, »Die gemischten Werke im deutschen Großeisengewerbe«, St. 1904, S. 268/269.

40 % der Aktien genügt, um die Kontrolle über eine Aktiengesellschaft zu haben[1*], denn ein gewisser Teil der zersplitterten Kleinaktionäre hat in der Praxis gar nicht die Möglichkeit, an den Generalversammlungen teilzunehmen usw. Die »Demokratisierung« des Aktienbesitzes, von der bürgerliche Sophisten und opportunistische »Auch-Sozialdemokraten« eine »Demokratisierung des Kapitals«, eine Zunahme der Rolle und Bedeutung der Kleinproduktion usw. erwarten (oder zu erwarten vorgeben), ist in Wirklichkeit eines der Mittel, die Macht der Finanzoligarchie zu vermehren. Aus diesem Grunde läßt übrigens in den fortgeschritteneren oder älteren und »erfahreneren« kapitalistischen Ländern die Gesetzgebung kleinere Aktien zu. In Deutschland sind Aktien unter 1000 Mark gesetzlich nicht zugelassen, und die deutschen Finanzmagnaten blicken neidvoll auf England, wo das Gesetz Aktien sogar von 1 Pfund Sterling (= 20 Mark, etwa 10 Rubel) gestattet. Siemens, einer der größten Industriellen und »Finanzkönige« Deutschlands, erklärte in der Reichstagssitzung vom 7. Juni 1900 die »Ein-Pfund-Aktie für die Grundlage des britischen Imperialismus«[2*]. Bei diesem Geschäftsmann ist ein tieferes, »marxistischeres« Verständnis für das Wesen des Imperialismus festzustellen als bei einem gewissen anmaßenden Schriftsteller, der zwar als Begründer des russischen Marxismus[16] gilt, jedoch glaubt, der Imperialismus sei die schlechte Eigenschaft eines einzigen Volkes...

Aber das »Beteiligungssystem« dient nicht nur dazu, die Macht der Monopolisten riesenhaft zu vermehren, es ermöglicht außerdem, jede Art von dunklen und schmutzigen Geschäften straflos zu betreiben und das Publikum zu schröpfen, denn formell, nach dem Gesetz, sind die Leiter der »Muttergesellschaft« für die »Tochtergesellschaft« nicht verantwortlich, die als »selbständig« gilt und *vermittels* derer sich *alles* »drehen« läßt. Folgendes Beispiel entnehmen wir dem Maiheft 1914 der deutschen Zeitschrift »Die Bank«:

[1*] Liefmann, »Beteiligungsges. etc.«, 1. Aufl., S. 258.
[2*] Schulze-Gaevernitz in »Grdr. d. S.-Ök.«. V, 2, S. 110.

»So war beispielsweise die Aktiengesellschaft für Federstahlindustrie in Kassel, bis vor einigen Jahren eines der bestrentierenden Unternehmen Deutschlands, durch verkehrte Maßnahmen der Verwaltung so heruntergewirtschaftet worden, daß die Dividenden innerhalb weniger Jahre von 15 auf 0 % zurückgingen. Die Verwaltung hatte einem Tochterunternehmen, der Hassia G.m.b.H., deren nominelles Kapital nur einige Hunderttausend Mark betrug, ohne Wissen der Aktionäre *6 Mill. M* vorgestreckt. Von diesem Engagement, das fast das Dreifache des Aktienkapitals der Muttergesellschaft ausmachte, war in den Bilanzen der letzteren nichts enthalten; eine Verschleierung, gegen die sich juristisch nicht das mindeste sagen ließ und die zwei Jahre hindurch fortgesetzt werden konnte, weil sie keine Bestimmung des Handelsgesetzbuches verletzte. Der Aufsichtsratsvorsitzende, der diese irreführenden Bilanzen verantwortlich zeichnete, war und ist Vorsitzender der Kasseler Handelskammer. Die Aktionäre wurden von dem Hassia-Engagement erst in Kenntnis gesetzt, nachdem es sich längst als ein Fehlschlag« (dieses Wort hätte der Verfasser in Anführungszeichen setzen sollen) »erwiesen hatte und die Federstahl-Aktien infolge von Verkäufen Wissender etwa 100 % im Kurse zurückgegangen waren.

. . . Dieses Musterbeispiel einer im Aktienwesen ganz alltäglichen Bilanz-Equilibristik macht es verständlich, warum die Verwaltungen von Aktiengesellschaften Risiken im allgemeinen viel leichteren Herzens auf sich nehmen als Privatunternehmer. Die moderne Bilanztechnik macht es ihnen nicht nur leicht, das eingegangene Risiko dem Auge des Durchschnitts-Aktionärs zu verhüllen, sondern sie gestattet den Hauptinteressenten auch, sich den Folgen eines verfehlten Experiments durch rechtzeitige Fortgabe ihres Aktienbesitzes zu entziehen, während der Privatunternehmer bei allem, was er tut, seine eigene Haut zu Markte trägt.

Die Bilanzen zahlreicher Aktiengesellschaften gleichen jenen aus dem Mittelalter bekannten Palimpsesten, bei denen man erst die Schrift auslöschen mußte, um die hinter ihr

stehenden Zeichen mit dem wirklichen Sinn entziffern zu
können.« (Ein Palimpsest ist ein Pergament, auf dem die ursprüngliche Schrift ausgelöscht und darüber ein anderer Text
geschrieben ist.)

»Das einfachste und darum am häufigsten angewandte
Mittel, um eine Bilanz undurchsichtig zu machen, besteht in
der Spaltung des einheitlichen Betriebes in mehrere Teile in
Form einer Errichtung oder Angliederung von Tochtergesellschaften. Die Vorzüge dieses Systems sind im Hinblick auf die
verschiedensten Zwecke − legale und illegale − so ein-
leuchtend, daß man größere Gesellschaften, die das System
nicht akzeptiert haben, heute schon als Ausnahmen bezeichnen
muß.«[1]

Als Beispiel einer großen Monopolgesellschaft, die dieses
System in weitestem Ausmaß anwendet, nennt der Verfasser
die berühmte »Allgemeine Elektrizitäts-Gesellschaft« (AEG,
von der noch im weiteren die Rede sein wird). Im Jahre 1912
nahm man an, daß die AEG an $175 − 200$ Gesellschaften beteiligt ist, diese selbstverständlich beherrscht und insgesamt
über ein Kapital von rund $1^1/_2$ *Milliarden Mark* verfügt.[2]

Alle Vorschriften der Kontrolle, der Veröffentlichung der
Bilanzen, der Ausarbeitung eines bestimmten Bilanzschemas,
der Einsetzung von Aufsichtsinstanzen u. dgl. m., womit Professoren und Beamte in wohlgemeinter Absicht − d. h. in der
Absicht, den Kapitalismus zu verteidigen und zu beschönigen
− die Aufmerksamkeit des Publikums in Anspruch nehmen,
können hier keinerlei Bedeutung haben. Denn das Privateigentum ist heilig, und man kann niemandem verwehren,
Aktien zu kaufen, zu verkaufen, umzutauschen, zu verpfänden
usw.

Welche Ausmaße das »Beteiligungssystem« in den russischen
Großbanken angenommen hat, kann man nach den Angaben
von E. Agahd beurteilen, der 15 Jahre in der Russisch-Chine-

[1] L. Eschwege, »Tochtergesellschaften«, »Die Bank«, 1914, 1, S. 545.
[2] Kurt Heinig, »Der Weg des Elektrotrusts«, »Die Neue Zeit«, 1912, 30. Jahrg.,
2, S. 484.

sischen Bank tätig war und im Mai 1914 ein Werk unter dem
nicht ganz zutreffenden Titel »Großbanken und Weltmarkt«[1]
veröffentlicht hat. Der Verfasser teilt die russischen Großbanken in zwei Hauptgruppen ein: a) solche, die »unter dem
Modus der Partizipationen« arbeiten, und b) solche, die »unabhängig« sind, wobei jedoch unter »Unabhängigkeit« ganz
willkürlich die Unabhängigkeit von ausländischen Banken
verstanden wird. Die erste Gruppe teilt der Verfasser wieder
in drei Untergruppen: 1. deutsche, 2. englische und 3. französische Beteiligung, wobei er »Beteiligung« und Herrschaft
ausländischer Großbanken der betreffenden Nation im Auge
hat. Die Kapitalien der Banken teilt der Verfasser in »pro-
duktiv« (in Handel und Industrie) und »spekulativ« (in Börsen-
und Finanzoperationen) angelegte ein; dabei glaubt er von dem
ihm eigenen kleinbürgerlich-reformistischen Standpunkt aus,
man könne unter Beibehaltung des Kapitalismus die erste Art
der Kapitalanlage von der zweiten trennen und die zweite
beseitigen.

Der Verfasser macht folgende Angaben:

Bankaktiva (per Oktober/November 1913)
in Mill. Rubel

Gruppen der russischen Banken:	angelegte Kapitalien		
	produktiv	spekulativ	insgesamt
a) 1. 4 Banken: Sibirische Handels- bank, Russenbank, Internationale und Diskontobank	413,7	859,1	1 272,8
a) 2. 2 Banken: Russische Handels- und Industriebank, Russisch-Englische Bank	239,3	169,1	408,4

[1] E. Agahd, »Großbanken und Weltmarkt. Die wirtschaftliche und politische
Bedeutung der Großbanken im Weltmarkte unter Berücksichtigung ihres Ein-
flusses auf Rußlands Volkswirtschaft und die deutsch-russischen Beziehungen«,
Brl. 1914.

Gruppen der russischen Banken:	angelegte Kapitalien		
	produktiv	spekulativ	insgesamt
a) 3. 5 Banken: Russisch-Asiatische Bank, Petersburger Privatbank Asow-Don-Bank, Moskauer Union-Bank, Russisch-Französische Handelsbank	711,8	661,2	1 373,0
(11 Banken) *zusammen a)* =	1 364,8	1 689,4	3 054,2
b) 8 Banken: Moskauer Kaufmannsbank, Wolga-Kama-Kommerzbank, J. W. Junker & Co., St.-Petersburger Handelsbank (vormals Wawelberg), Moskauer Bank (vormals Rjabuschinski), Moskauer Diskontobank, Moskauer Handelsbank und Moskauer Privatbank	504,2	391,1	895,3
(19 Banken) *insgesamt*	1 869,0	2 080,5	3 949,5

Nach diesen Angaben entfallen von den fast 4 Milliarden Rubel »arbeitenden« Kapitals der Großbanken *mehr als drei Viertel*, über 3 Milliarden, auf Banken, die im Grunde genommen »Tochtergesellschaften« von ausländischen, vor allen Dingen von Pariser Banken (das berühmte Banktrio: »Bank der Pariser Union«; »Pariser und Niederländische Bank«; »Allgemeine Gesellschaft«) und von Berliner Banken (besonders »Deutsche Bank« und »Disconto-Gesellschaft«) sind. Zwei russische Großbanken, die »Russenbank« (»Russische Bank für auswärtigen Handel«) und die »Internationale Bank« (»St.-Petersburger Internationale Handelsbank«) haben ihre Kapitalien von 1906 bis 1912 von 44 auf 98 Mill. Rubel und ihre Reserven von 15 auf 39 Mill. erhöht, wobei sie »zu $3/4$ mit deutschem Kapital arbeiten«. Die erste gehört zum »Konzern« der Berliner »Deutschen Bank«, die zweite zu dem der Berliner »Disconto-Gesellschaft«. Der gute Agahd ist zutiefst empört darüber, daß die Berliner Banken die Aktienmehrheit in ihren Händen haben und die russischen Aktionäre daher machtlos sind. Natürlich schöpft das Land, das Kapital exportiert, den Rahm ab; z. B. ließ die Berliner »Deutsche Bank«, als sie die Aktien der Sibirischen Handelsbank in Berlin einführte, diese ein Jahr lang in ihrem Portefeuille liegen, um sie nachher zum Kurs von 193 für 100, d. h. um nahezu das Doppelte, zu verkaufen; sie »verdiente« dabei rund 6 Mill. Rubel – ein Profit, den Hilferding »Gründergewinn« genannt hat.

Die ganze »Machtbilanz« der Petersburger Großbanken schätzt der Verfasser auf 8235 Millionen Rubel oder nahezu $8^1/_4$ Milliarden; dabei verteilt er die »Beteiligung« oder richtiger die Herrschaft der ausländischen Banken folgendermaßen: die französischen Banken 55 %, die englischen 10 %, die deutschen 35 %. Von der Summe des funktionierenden Kapitals in Höhe von 8235 Millionen entfallen 3687 Millionen, d. h. mehr als 40 %, laut Berechnung des Verfassers auf die Syndikate Produgol und Prodamet[1] sowie auf die Syndikate der Erdöl-, metallurgischen und Zementindustrie. Die Verschmelzung des Bankkapitals mit dem Industriekapital, im Zusammenhang mit der Bildung kapitalistischer Monopole, hat also auch in Rußland enorme Fortschritte gemacht.

Das Finanzkapital, das in wenigen Händen konzentriert ist und faktisch eine Monopolstellung einnimmt, zieht kolossale und stets zunehmende Profite aus Gründungen, aus dem Emissionsgeschäft, aus Staatsanleihen usw., verankert die Herrschaft der Finanzoligarchie und legt der gesamten Gesellschaft einen Tribut zugunsten der Monopolisten auf. Hier eines der zahllosen von Hilferding angeführten Beispiele für das »Wirtschaften« der amerikanischen Trusts: Im Jahre 1887 gründete Havemeyer den Zuckertrust durch Verschmelzung von 15 kleinen Gesellschaften mit einem Gesamtkapital von $6^1/_2$ Millionen Dollar. Das Kapital des Trusts wurde aber, wie der amerikanische Ausdruck lautet, »verwässert« und auf 50 Millionen festgesetzt. Diese »Überkapitalisation« nahm die künftigen Monopolprofite vorweg, wie auch der Stahltrust –

[1] Syndikate in Kohle und Eisen.

ebenfalls in Amerika – künftige Monopolprofite vorweg-
nimmt, wenn er immer neue Eisenerzvorkommen aufkauft.
Und in der Tat führte der Zuckertrust Monopolpreise ein und
erzielte derartige Gewinne, daß er für das *siebenfach* »ver-
wässerte« Kapital 10 Prozent Dividende auszahlen konnte, d. h.
*fast 70 Prozent auf das bei Gründung des Trusts tatsächlich
einbezahlte Kapital!* 1909 wies der Trust ein Kapital von 90
Mill. Dollar aus. Also in zweiundzwanzig Jahren mehr als eine
Verzehnfachung des Kapitals.

In Frankreich hat die Herrschaft der »Finanzoligarchie«
(»Gegen die Finanzoligarchie in Frankreich« heißt das bekannte
Buch von Lysis, das 1908 in fünfter Auflage erschien) eine nur
wenig gewandelte Form angenommen. Die vier größten
Banken besitzen nicht ein relatives, sondern ein »absolutes
Monopol« bei der Emission von Wertpapieren. Tatsächlich ist
das ein »Trust der Großbanken«. Das Monopol sichert Monopolprofite bei den Emissionen. Das borgende Land erhält bei
Anleihen gewöhnlich nicht mehr als 90 % der Summe; 10 %
fallen den Banken und den übrigen Vermittlern zu. Bei der
russisch-chinesischen Anleihe von 400 Mill. Francs profitierten
die Banken 8 %; bei der russischen (1904) von 800 Mill. 10 %;
bei der marokkanischen (1904) von $62^1/_2$ Mill. Francs $18^3/_4$ %.
Der Kapitalismus, der seine Entwicklung als kleines Wucherka-
pital begann, beendet seine Entwicklung als riesiges Wucherka-
pital. »Die Franzosen sind die Wucherer Europas«, sagt Lysis.
Alle Verhältnisse des Wirtschaftslebens erfahren infolge dieser
Wandlung des Kapitalismus eine tiefgehende Veränderung. Bei
Stagnation des Bevölkerungsstandes, der Industrie, des Handels und der Seeschiffahrt kann sich das »Land« durch Wucher
bereichern. »Fünfzig Personen mit einem Kapital von 8 Millionen Francs verfügen über *zwei Milliarden* in den vier Banken.« Das uns bereits bekannte »Beteiligungs«system führt zu
denselben Folgen: Eine der größten Banken Frankreichs, die
»Allgemeine Gesellschaft« (Société Générale) gab 64 000
Obligationen der »Tochtergesellschaft«, »Zuckerraffinerien von
Ägypten«, aus. Der Emissionskurs war 150 %, d. h., die Bank

verdiente an jedem Rubel 50 Kopeken. Die Dividenden dieser Gesellschaft erwiesen sich als fiktiv, das »Publikum« verlor von 90 bis 100 Mill. Francs; »einer der Direktoren der ›Société Générale‹ war Mitglied des Verwaltungsrats der ›Raffinerien‹«. Es ist nicht verwunderlich, daß Lysis den Schluß zu ziehen gezwungen ist: »Die französische Republik ist eine Finanzmonarchie«; »die volle Herrschaft der Finanzoligarchie; sie herrscht unumschränkt über Presse und Regierung«.[1*]

Bei der Entwicklung und Festigung der Finanzoligarchie spielt die außerordentlich gewinnbringende Emission von Wertpapieren als eine der wichtigsten Transaktionen des Finanzkapitals eine sehr wichtige Rolle. »Es gibt im Inlande kein Geschäft dieser Art, das auch nur annähernd einen solchen Nutzen abwirft wie die Übernahme und Weiterbegebung einer fremden Anleihe«, schreibt die deutsche Zeitschrift »Die Bank«[2*].

»Es gibt kein Bankgeschäft, welches so große Gewinne mit sich brächte wie das Emissionsgeschäft.« Der Gewinn bei der Emission von Industrieaktien betrug nach einer Zusammenstellung des »Deutschen Ökonomist« im Durchschnitt der Jahre:

1895 – 38,6 %	1898 – 67,7 %
1896 – 36,1 %	1899 – 66,9 %
1897 – 66,7 %	1900 – 55,2 %

»In dem Jahrzehnt von 1891 bis 1900 sind an deutschen Industriewerten allein *über eine Milliarde* Agio ›verdient‹ worden.«[3*]

Während zur Zeit des industriellen Aufschwungs die Profite des Finanzkapitals unerhört groß sind, gehen in Zeiten des Niedergangs die kleinen und schwachen Unternehmungen zugrunde, die Großbanken aber »beteiligen sich« dann an deren

[1*] Lysis, »Contre l'oligarchie financière en France«, 5 éd. [Gegen die Finanzoligarchie in Frankreich, 5. Aufl.], Paris 1908, S. 11, 12, 26, 39, 40, 48.

[2*] »Die Bank«, 1913, Nr. 7, S. 630.

[3*] Stillich, a. a. O., S. 143, und W. Sombart, »Die deutsche Volkswirtschaft im 19. Jahrhundert«, 2. Aufl., 1909, S. 526, Anlage 8.

Aufkauf zu Spottpreisen oder an profitablen »Sanierungen« und »Reorganisationen«. Bei den »Sanierungen« der mit Verlust arbeitenden Unternehmungen wird »das Aktienkapital herabgesetzt; das heißt, das Erträgnis verteilt sich auf ein geringeres Kapital, ist diesem alsdann angemessen. Oder wenn kein Erträgnis da ist, so wird neues Kapital aufgebracht, das, mit dem minderbewerteten alten zusammengenommen, nunmehr genügenden Ertrag abwirft. Nebenbei«, fügt Hilferding hinzu, »sei bemerkt, daß diese Sanierungen und Reorganisationen für die Banken von doppelter Bedeutung sind: erstens als gewinnbringendes Geschäft und zweitens als eine Gelegenheit, solche notleidenden Gesellschaften von sich in Abhängigkeit zu bringen.«[1]

Ein Beispiel: Die Aktiengesellschaft für Bergbau »Union« in Dortmund ist 1872 gegründet worden. Es wurden Aktien in Höhe von fast 40 Mill. Mark aufgelegt, und als im ersten Jahr eine Dividende von 12 % ausgeschüttet wurde, stieg der Kurs auf 170 %. Das Finanzkapital schöpfte den Rahm ab und steckte die Kleinigkeit von etwa 28 Millionen ein. Bei der Gründung dieser Gesellschaft spielte die Hauptrolle die »Disconto-Gesellschaft«, dieselbe deutsche Großbank, die es glücklich auf ein Kapital von 300 Mill. Mark gebracht hat. Später sinken die Dividenden der »Union« auf Null. Die Aktionäre müssen sich damit einverstanden erklären, daß Kapital »abgeschrieben« wird, d. h., daß sie, um nicht das Ganze einzubüßen, einen Teil des Geldes verlieren. Und als Resultat einer Kette von »Sanierungen« verschwinden aus den Büchern der »Union« im Laufe von 30 Jahren über 73 Millionen Mark. »Heute hat der ursprüngliche Aktionär dieser Gesellschaft nur noch 5 Prozent des Nominalwertes seiner Unionaktien in der Hand«[2], und bei jeder »Sanierung« »verdienten« die Banken weiter.

Eine besonders gewinnbringende Transaktion des Finanzkapitals ist auch die Spekulation mit Grundstücken in der Umgebung schnell wachsender Großstädte. Das Bankmonopol

---

[1] »Das Finanzkapital«, S. 172 [a. a. O., S. 173].
[2] Stillich, a. a. O., S. 138, und Liefmann, S. 51.

verschmilzt hier mit den Monopolen der Grundrente und des Verkehrswesens, denn das Steigen der Preise für Grundstücke, die Möglichkeit, diese in Parzellen günstig zu verkaufen u. a. m., hängt vor allem von der guten Verkehrsverbindung mit dem Zentrum der Stadt ab, und diese Verkehrsmittel befinden sich in den Händen großer Gesellschaften, die durch das Beteiligungssystem und die Verteilung von Direktorenposten mit eben denselben Banken verbunden sind. So entsteht das, was der deutsche Schriftsteller L. Eschwege, ein Mitarbeiter der Zeitschrift »Die Bank«, der den Terrainhandel, die Verpfändung von Grundstücken usw. speziell studierte, den »Sumpf« genannt hat: wahnwitzige Spekulation mit Vorortsgrundstücken, Zusammenbrüche von Baufirmen, wie der Berliner Firma Boswau & Knauer, die ein Kapital von ungefähr 100 Millionen Mark zusammengerafft hatte, und zwar durch Vermittlung der »höchst soliden und großen« »Deutschen Bank«, die natürlich nach dem »Beteiligungs«system, d. h. insgeheim, hinterrücks, tätig war und sich nach Einbuße von »bloß« 12 Millionen Mark aus der Affäre zog; ferner Ruinierung von kleinen Unternehmern und Arbeitern, die von den Schwindelfirmen des Baugewerbes nichts erhalten; dazu betrügerische Abmachungen mit der »ehrlichen« Berliner Polizei und den Verwaltungsorganen, um sich des Auskunftswesens im Baugewerbe und der Baubewilligung der Stadtverwaltung zu bemächtigen usw. usf.[1*]

Die »amerikanischen Sitten«, vor denen europäische Professoren und wohlgesinnte Bürger so heuchlerisch die Augen zum Himmel aufschlagen, sind in der Epoche des Finanzkapitals buchstäblich zu Sitten einer jeden Großstadt in jedem beliebigen Lande geworden.

In Berlin war Anfang 1914 davon die Rede, einen »Verkehrstrust« zu gründen, d. h. eine »Interessengemeinschaft« zwischen den drei Berliner Verkehrsunternehmen: Hochbahn, Straßenbahn und Omnibusgesellschaft. »Daß eine solche Ab-

---

[1*] L. Eschwege, »Der Sumpf« in »Die Bank«, 1913, S. 952; ebenda, 1912, 1, S. 223 ff.

sicht besteht«, schrieb »Die Bank«, »weiß man schon seit dem Tage, wo es bekannt wurde, daß die Aktienmehrheit des Omnibusunternehmens in den Besitz der beiden anderen Verkehrsgesellschaften übergegangen war... Man kann den Betreibern dieser Pläne ohne weiteres glauben, daß sie durch eine einheitliche Regelung des Verkehrswesens Ersparnisse zu erzielen hoffen, von denen ein Teil schließlich auch dem Publikum zugute kommen könnte. Die Frage wird aber dadurch kompliziert, daß hinter dem sich bildenden Verkehrstrust Banken stehen, die, wenn sie wollen, den von ihnen monopolisierten Verkehr in den Dienst ihrer Terraininteressen stellen können. Daß dieser Gedanke sehr naheliegt, leuchtet ein, wenn man sich erinnert, daß schon bei der Gründung der Hochbahngesellschaft eine Verquickung von Verkehrsinteressen mit den Terraininteressen der die Hochbahn patronisierenden Großbank stattgefunden, ja sogar eine wesentliche Voraussetzung für die Schaffung dieses Verkehrsunternehmens gebildet hat. Die östliche Linie der Hochbahn sollte die Terrains erschließen, welche die Bank, nachdem die Bahn gesichert war, mit hohem Nutzen für sich und einige Mitbeteiligte an die Terraingesellschaft am Bahnhof Schönhauser Allee verkauft hat.«[1*]

Ist das Monopol einmal zustande gekommen und schaltet und waltet es mit Milliarden, so durchdringt es mit absoluter Unvermeidlichkeit *alle* Gebiete des öffentlichen Lebens, ganz unabhängig von der politischen Struktur und beliebigen anderen »Details«. In der deutschen ökonomischen Literatur ist es üblich, die Unbestechlichkeit des preußischen Beamtentums lakaienhaft über den grünen Klee zu loben, mit deutlichen Seitenhieben auf den französischen Panamaskandal[17] und die amerikanische politische Korruption. Aber es ist eine Tatsache, daß *sogar* die bürgerliche Literatur über das deutsche Bankwesen fortwährend gezwungen ist, weit über die Behandlung reiner Bankoperationen hinauszugehen und beispielsweise aus Anlaß der sich häufenden Fälle des Übertritts von Regierungs-

[1*] »Verkehrstrust«, »Die Bank«, 1914, 1, S. 89.

beamten in den Bankdienst von einem »Zug zur Bank« zu schreiben: »Wie steht es aber um die Unbefangenheit eines Staatsbeamten, dessen stilles Sehnen ein warmes Plätzchen in der Behrenstraße ist?«[1] – die Straße in Berlin, wo die »Deutsche Bank« ihren Hauptsitz hat. Der Herausgeber der Zeitschrift »Die Bank«, Alfred Lansburgh, schrieb 1909 in dem Artikel »Die wirtschaftliche Bedeutung des Byzantinismus« unter anderm über die Palästinareise Wilhelms II. und »ihre unmittelbare Folge, die Bagdadbahn, dieses verhängnisvolle ›Standardwerk deutschen Unternehmergeistes‹, das an der ›Einkreisung‹ mehr schuld ist als alle unsere politischen Fehler zusammengenommen«[2]. (Unter Einkreisung wird die Politik Eduards VII. verstanden, der bestrebt war, Deutschland zu isolieren und es mit dem Ring eines imperialistischen deutsch-feindlichen Bündnisses zu umgeben.) Der von uns bereits erwähnte Mitarbeiter derselben Zeitschrift, Eschwege, schrieb 1911 den Artikel »Plutokratie und Beamtenschaft«, in dem er Enthüllungen z. B. über den Fall des deutschen Regierungsrats Völker brachte, der sich als Mitglied der Kartellkommission durch seine Energie hervorgetan hatte, aber kurze Zeit darauf bei dem größten Kartell, dem Deutschen Stahlwerksverband, in hochdotierter Stellung auftauchte. Ähnliche Fälle, die durchaus nicht zufällig sind, zwangen denselben bürgerlichen Schriftsteller einzugestehen, daß »schon heute die von der Verfassung gewährleistete wirtschaftliche Freiheit auf vielen Gebieten des heimischen Erwerbslebens zu einer inhaltslosen Phrase geworden ist« und daß bei der bestehenden Herrschaft der Plutokratie »selbst die weitgehendste politische Freiheit uns nicht mehr davor retten kann, daß wir zu einem Volk von Unfreien werden«[3].

Was Rußland betrifft, so wollen wir uns auf ein Beispiel beschränken: Vor einigen Jahren ging durch alle Zeitungen die Nachricht, daß der Direktor der Kreditkanzlei, Dawydow, den

[1] »Der Zug zur Bank«, »Die Bank«, 1909, 1, S. 79.
[2] Ebenda, S. 301 ff.
[3] Ebenda, 1911, 2, S. 828; 1913, 2, S. 962.

Staatsdienst quittiert und einen Posten in einer Großbank übernimmt, mit einem Gehalt, das laut Vertrag in wenigen Jahren über eine Million Rubel betragen soll. Die Kreditkanzlei ist eine Institution, deren Aufgabe die »Vereinheitlichung der Tätigkeit aller Kreditinstitutionen des Reiches« ist und die den hauptstädtischen Banken Subsidien bis zu 800 und 1000 Millionen Rubel gewährt.[1*] – – –

Die Trennung des Kapitaleigentums von der Anwendung des Kapitals in der Produktion, die Trennung des Geldkapitals vom industriellen oder produktiven Kapital, die Trennung des Rentners, der ausschließlich vom Ertrag des Geldkapitals lebt, vom Unternehmer und allen Personen, die an der Verfügung über das Kapital unmittelbar teilnehmen, ist dem Kapitalismus überhaupt eigen. Der Imperialismus oder die Herrschaft des Finanzkapitals ist jene höchste Stufe des Kapitalismus, wo diese Trennung gewaltige Ausdehnung erreicht. Das Übergewicht des Finanzkapitals über alle übrigen Formen des Kapitals bedeutet die Vorherrschaft des Rentners und der Finanzoligarchie, bedeutet die Aussonderung weniger Staaten, die finanzielle »Macht« besitzen. In welchen Ausmaßen dieser Prozeß vor sich geht, läßt sich beurteilen an Hand der Statistik der Emissionen, d. h. der Ausgabe von Wertpapieren aller Art.

Im »Bulletin des Internationalen Statistischen Instituts« veröffentlichte A. Neymarck[2*] sehr ausführliche, vollständige und gut vergleichbare Daten über die Emissionen in der ganzen Welt, Daten, die später wiederholt in der ökonomischen Literatur in Auszügen angeführt wurden. Hier die Resultate von vier Jahrzehnten:

[1*] E. Agahd, S. 202.
[2*] »Bulletin de l'Institut international de Statistique«, t. XIX, livr. II, La Haye [Bulletin des Internationalen Statistischen Instituts, Bd. XIX, II. Folge, Den Haag], 1912. Die Daten über die Kleinstaaten, zweite Spalte, sind annähernd berechnet, und zwar nach den Zahlen von 1902, vermehrt um 20 %.

Summe der Emissionen in Milliarden Francs
nach Jahrzehnten

1871–1880	76,1
1881–1890	64,5
1891–1900	100,4
1901–1910	197,8

In den siebziger Jahren erhöhte sich die Gesamtsumme der Emissionen in der ganzen Welt besonders durch Anleihen im Zusammenhang mit dem Deutsch-Französischen Krieg und der darauffolgenden Gründerperiode in Deutschland. Im großen ganzen geht die Vermehrung im Laufe der letzten drei Jahrzehnte des 19. Jahrhunderts verhältnismäßig nicht sehr rasch vor sich, und erst das erste Jahrzehnt des 20. Jahrhunderts bringt eine gewaltige Vermehrung, fast eine Verdoppelung in zehn Jahren. Der Anfang des 20. Jahrhunderts bildet also den Wendepunkt nicht nur in bezug auf das Wachstum der Monopole (Kartelle, Syndikate und Trusts), wovon bereits die Rede war, sondern auch in bezug auf das Anwachsen des Finanzkapitals.

Die Gesamtsumme der Wertpapiere in der ganzen Welt schätzt Neymarck für das Jahr 1910 ungefähr auf 815 Milliarden Francs. Nach annähernder Berechnung der Doppelzählungen reduziert er die Summe auf 575–600 Milliarden. Sie verteilen sich nach Ländern (unter Zugrundelegung von 600 Milliarden) wie folgt:

Summe der Wertpapiere 1910 (in Milliarden Francs)

England	142	⎫	Holland	12,5
Vereinigte Staaten	132	⎬ 479	Belgien	7,5
Frankreich	110		Spanien	7,5
Deutschland	95	⎭	Schweiz	6,25
Rußland	31		Dänemark	3,25
Österreich-Ungarn	24		Schweden, Norwegen,	
Italien	14		Rumänien u. a.	2,5
Japan	12			
			Summa	600,0

Aus diesen Daten ist sofort ersichtlich, wie scharf sich die vier reichsten kapitalistischen Länder abheben, von denen jedes Wertpapiere von ungefähr 100 bis 150 Milliarden Francs besitzt. Von diesen vier Ländern sind zwei – England und Frankreich – die ältesten und, wie wir weiter sehen werden, an Kolonien reichsten kapitalistischen Länder; die beiden anderen – die Vereinigten Staaten und Deutschland – sind fortgeschrittene kapitalistische Länder nach dem Entwicklungstempo und dem Verbreitungsgrad der kapitalistischen Monopole in der Produktion. Diese vier Länder zusammen besitzen 479 Milliarden Francs, d. h. nahezu 80 % des Weltfinanzkapitals. Fast die ganze übrige Welt spielt so oder anders die Rolle des Schuldners und Tributpflichtigen dieser Länder – der internationalen Bankiers, dieser vier »Säulen« des Weltfinanzkapitals.

Ganz besonders muß auf die Rolle eingegangen werden, die bei der Schaffung des internationalen Netzes der Abhängigkeiten und der Verbindungen des Finanzkapitals der Kapitalexport spielt.

IV. Der Kapitalexport

Für den alten Kapitalismus, mit der vollen Herrschaft der freien Konkurrenz, war der Export von *Waren* kennzeichnend. Für den neuesten Kapitalismus, mit der Herrschaft der Monopole, ist der Export von *Kapital* kennzeichnend geworden.

Kapitalismus ist Warenproduktion auf der höchsten Stufe ihrer Entwicklung, auf der auch die Arbeitskraft zur Ware wird. Die Zunahme des Warenaustausches sowohl innerhalb des Landes wie auch insbesondere des internationalen Warenaustausches ist ein charakteristisches Merkmal des Kapitalismus. Die Ungleichmäßigkeit und Sprunghaftigkeit in der Entwicklung einzelner Unternehmungen, einzelner Industriezweige und einzelner Länder ist im Kapitalismus unvermeidlich. Zuerst wurde England, vor den anderen Ländern, ein kapitalistisches Land, und um die Mitte des 19. Jahrhunderts, als es den Freihandel einführte, nahm es für sich in Anspruch, die »Werkstätte der Welt« zu sein, alle Länder mit Fertigfabrikaten zu versorgen, die ihm im Austausch Rohstoffe liefern sollten. Aber *dieses* Monopol Englands war bereits im letzten Viertel des 19. Jahrhunderts durchbrochen, denn eine Reihe anderer Länder hatte sich, durch »Schutz«zölle gesichert, zu selbständigen kapitalistischen Staaten entwickelt. An der Schwelle des 20. Jahrhunderts sehen wir die Bildung von Monopolen anderer Art: erstens Monopolverbände der Kapitalisten in allen Ländern des entwickelten Kapitalismus; zweitens Monopolstellung der wenigen überaus reichen Länder, in denen die Akkumulation des Kapitals gewaltige Ausmaße erreicht hat. Es entstand ein ungeheurer »Kapitalüberschuß« in den fortgeschrittenen Ländern.

Freilich, wäre der Kapitalismus imstande, die Landwirtschaft zu entwickeln, die jetzt überall weit hinter der Industrie zurückgeblieben ist, könnte er die Lebenshaltung der Massen der Bevölkerung heben, die trotz des schwindelerregenden technischen Fortschritts überall ein Hunger- und Bettlerdasein fristet – dann könnte von einem Kapitalüberschuß nicht die Rede sein. Und das ist auch das »Argument«, das allgemein von kleinbürgerlichen Kritikern des Kapitalismus vorgebracht wird. Aber dann wäre der Kapitalismus nicht Kapitalismus, denn die Ungleichmäßigkeit der Entwicklung wie das Hungerdasein der Massen sind wesentliche, unvermeidliche Bedingungen und Voraussetzungen dieser Produktionsweise. Solange der Kapitalismus Kapitalismus bleibt, wird der Kapitalüberschuß nicht zur Hebung der Lebenshaltung der Massen in dem betreffenden Lande verwendet – denn das würde eine Verminderung der Profite der Kapitalisten bedeuten –, sondern zur Steigerung der Profite durch Kapitalexport ins Ausland, in rückständige Länder. In diesen rückständigen Ländern ist der Profit gewöhnlich hoch, denn es gibt dort wenig Kapital, die Bodenpreise sind verhältnismäßig nicht hoch, die Löhne niedrig und die Rohstoffe billig. Die Möglichkeit der Kapitalausfuhr wird dadurch geschaffen, daß eine Reihe rückständiger Länder bereits in den Kreislauf des Weltkapitalismus hineingezogen ist, die Hauptlinien der Eisenbahnen bereits gelegt oder in Angriff genommen, die elementaren Bedingungen der industriellen Entwicklung gesichert sind usw. Die Notwendigkeit der Kapitalausfuhr wird dadurch geschaffen, daß in einigen Ländern der Kapitalismus »überreif« geworden ist und dem Kapital (unter der Voraussetzung der Unentwickeltheit der Landwirtschaft und der Armut der Massen) ein Spielraum für »rentable« Bestätigung fehlt.

Folgende annähernde Zahlen zeigen, wieviel Kapital die drei Hauptländer im Ausland investiert haben.[1*]

Im Ausland investiertes Kapital
(in Milliarden Francs)

Jahr	England	Frankreich	Deutschland
1862	3,6	–	–
1872	15	10 (1869)	–
1882	22	15 (1880)	?
1893	42	20 (1890)	?
1902	62	27–37	12,5
1914	75–100	60	44

Daraus ersehen wir, daß die Kapitalausfuhr erst zu Beginn des 20. Jahrhunderts Riesendimensionen angenommen hat. Vor dem Kriege erreichte das im Ausland investierte Kapital der

[1*] Hobson, »Imperialism«, L. 1902, S. 58; Riesser, a. a. O., S. 395 und 404; P. Arndt im »Weltwirtschaftlichen Archiv«, Bd. 7, 1916, S. 35; Neymarck im »Bulletin«; Hilferding, »Das Finanzkapital«, S. 492 [a. a. O., S. 475/476]; Lloyd George, Unterhausrede vom 4. Mai 1915 nach dem »Daily Telegraph« vom 5. Mai 1915; B. Harms, »Probleme der Weltwirtschaft«, Jena 1912, S. 235 u. a.: Dr. Sigmund Schilder, »Entwicklungstendenzen der Weltwirtschaft«, Berlin 1912, Band 1, S. 150; George Paish, »Great Britain's Capital Investments etc.« im »Journal of the Royal Statistical Society« [»Großbritanniens Kapitalanlagen usw.« im »Journal der Königl. Statistischen Gesellschaft«], vol. LXXIV, 1910/11, S. 167 ff.; Georges Diouritch, »L'Expansion des banques allemandes à l'étranger, ses rapports avec le développement économique de l'Allemagne« [Die Expansion der deutschen Banken im Ausland und ihr Zusammenhang mit der wirtschaftlichen Entwicklung Deutschlands], Paris 1909, S. 84.

drei Hauptländer 175–200 Milliarden Francs. Der Ertrag aus diesem Kapital, bescheiden zu 5 % gerechnet, muß etwa 8–10 Milliarden Francs im Jahr erreicht haben. Welch solide Basis für die imperialistische Unterdrückung und Ausbeutung der meisten Nationen und Länder der Welt, für den kapitalistischen Parasitismus einiger reicher Staaten!

Wie verteilt sich dieses im Ausland investierte Kapital auf die verschiedenen Länder, *wo* ist es angelegt? Auf diese Frage kann man nur eine annähernde Antwort geben, die jedoch geeignet ist, gewisse allgemeine Wechselbeziehungen und Zusammenhänge des modernen Imperialismus zu beleuchten:

Erdteile, auf die sich die im Ausland investierten Kapitalien (annähernd) verteilen (um 1910)

	England	Frankreich	Deutschland	Zusammen
	(in Milliarden Mark)			
Europa	4	23	18	45
Amerika	37	4	10	51
Asien, Afrika, Australien	29	8	7	44
Insgesamt	70	35	35	140

In England steht an erster Stelle sein Kolonialbesitz, der auch in Amerika sehr groß ist (z. B. Kanada), von Asien usw. gar nicht zu reden. Die riesige Ausfuhr von Kapital ist hier aufs engste mit den riesigen Kolonien verknüpft, von deren Bedeutung für den Imperialismus weiter unten noch die Rede sein wird. Anders in Frankreich. Frankreich hat sein exportiertes Kapital hauptsächlich in Europa und vor allem in Rußland (nicht weniger als 10 Milliarden Francs) investiert; dabei handelt es sich vorwiegend um *Leih*kapital, um Staatsanleihen, und nicht um Kapital, das in Industriebetrieben angelegt ist. Zum Unterschied vom englischen Kolonialimperialismus könnte man den französischen einen Wucherimperialismus nennen. In Deutschland finden wir eine dritte Abart: Deutschlands Kolonialbesitz ist nicht groß, und sein im Ausland investiertes Kapital verteilt sich am gleichmäßigsten auf Europa und Amerika.

Der Kapitalexport beeinflußt in den Ländern, in die er sich ergießt, die kapitalistische Entwicklung, die er außerordentlich beschleunigt. Wenn daher dieser Export bis zu einem gewissen Grade die Entwicklung in den exportierenden Ländern zu hemmen geeignet ist, so kann dies nur um den Preis einer Ausdehnung und Vertiefung der weiteren Entwicklung des Kapitalismus in der ganzen Welt geschehen.

Die kapitalexportierenden Länder haben fast immer die Möglichkeit, gewisse »Vorteile« zu erlangen, deren Charakter die Eigenart der Epoche des Finanzkapitals und der Monopole ins rechte Licht setzt. Die Berliner Zeitschrift »Die Bank« schrieb z. B. im Oktober 1913 folgendes:

»Am internationalen Kapitalmarkt spielt sich seit kurzem eine Komödie ab, die des Griffels eines Aristophanes würdig ist. Zahlreiche Fremdstaaten, von Spanien bis zu den Balkanländern, von Rußland bis zu Argentinien, Brasilien und China, treten offen oder heimlich an die großen Geldmärkte mit ihren Anleiheforderungen heran, von denen einige außerordentlich dringlich sind. Die Geldmärkte sind zwar in keiner sonderlich guten Verfassung, und auch die politischen Aspekte sind noch immer nicht rosenfarbig. Aber dennoch wagt keiner der Geldmärkte, sich den fremden Ansprüchen zu versagen, aus Furcht, der Nachbar könne ihm zuvorkommen, die Anleihe bewilligen, und sich damit ein Anrecht auf gewisse kleine Gegendienste sichern. Es fällt ja bei solchen internationalen Geschäften immer etwas für den Geldgeber ab, sei es ein handelspolitischer Vorteil oder eine Kohlenstation, sei es ein Hafenbau, eine fette Konzession oder ein Kanonen-Auftrag.«[1]

Das Finanzkapital erzeugte die Epoche der Monopole. Die Monopole sind aber überall Träger monopolistischer Prinzipien: An Stelle der Konkurrenz auf offenem Markt tritt die Ausnutzung der »Verbindungen« zum Zwecke eines pro-

[1] »Die Bank«, 1913, 2, S. 1024/1025.

fitablen Geschäftes. Die gewöhnlichste Erscheinung ist: Bei einer Anleihe wird zur Bedingung gemacht, daß ein Teil der Anleihe zum Kauf von Erzeugnissen des kreditgebenden Landes, vor allem von Waffen, Schiffen usw. verausgabt wird. Frankreich hat in den letzten zwei Jahrzehnten (1890–1910) sehr oft zu diesem Mittel gegriffen. Der Kapitalexport wird zu einem Mittel, den Warenexport zu fördern. Die Abmachungen zwischen den besonders großen Unternehmungen sind dabei derart, daß sie, wie Schilder »gelinde« sagte[1*], »an Korruption gemahnen«. Krupp in Deutschland, Schneider in Frankreich, Armstrong in England – das sind Musterbeispiele von Firmen, die mit den Riesenbanken und der Regierung in enger Verbindung stehen und beim Abschluß von Anleihen nicht so leicht »umgangen« werden können.

Frankreich, das Rußland Anleihen gewährte, »drückte« Rußland im Handelsvertrag vom 16. September 1905 »an die Wand«, indem es sich gewisse Zugeständnisse bis 1917 ausbedang; dasselbe geschah bei dem Handelsvertrag mit Japan vom 19. August 1911. Der Zollkrieg Österreichs gegen Serbien, der mit einer siebenmonatigen Unterbrechung von 1906 bis 1911 dauerte, war zum Teil durch die Konkurrenz Österreichs und Frankreichs bei der Lieferung von Kriegsmaterial an Serbien veranlaßt worden. Paul Deschanel erklärte im Januar 1912 in der Kammer, daß französische Firmen in den Jahren 1908–1911 an Serbien für 45 Millionen Francs Kriegsmaterial geliefert haben.

In einem Bericht des österreichisch-ungarischen Konsuls in São Paulo (Brasilien) heißt es: »Der Ausbau der brasilianischen Eisenbahnen erfolgt zumeist mittels französischer, belgischer, britischer und deutscher Kapitalien; die betreffenden Länder sichern sich bei den mit dem Bahnbau zusammenhängenden finanziellen Operationen auch die Lieferungen für das nötige Eisenbahnmaterial.«

Auf diese Weise wirft das Finanzkapital im buchstäblichen

[1*] Schilder, a. a. O., S. 346, 350, 371.

Sinne des Wortes seine Netze über alle Länder der Welt aus. Eine große Rolle spielen dabei die in den Kolonien gegründeten Banken und ihre Niederlassungen. Die deutschen Imperialisten betrachten voller Neid die »alten« Kolonialländer, die sich in dieser Hinsicht besonders »erfolgreich« versorgt haben: Im Jahre 1904 besaß England 50 Kolonialbanken mit 2279 Niederlassungen (1910: 72 mit 5449 Niederlassungen); Frankreich 20 mit 136 Niederlassungen; Holland 16 mit 68 und Deutschland »im ganzen nur« 13 mit 70 Niederlassungen.[1] Die amerikanischen Kapitalisten beneiden ihrerseits die englischen und die deutschen. »In Südamerika«, klagten sie 1915, »haben 5 deutsche Banken 40 Filialen und 5 englische haben 70 Filialen... England und Deutschland haben in den letzten 25 Jahren in Argentinien, Brasilien, Uruguay annähernd 4000 Millionen Dollar angelegt und sind infolgedessen zu 46% an dem gesamten Handel dieser drei Länder beteiligt.«[2]

Die kapitalexportierenden Länder haben, im übertragenen Sinne, die Welt unter sich verteilt. Aber das Finanzkapital führte auch zur *direkten* Aufteilung der Welt.

V. Die Aufteilung der Welt
unter die Kapitalistenverbände

Die Monopolverbände der Kapitalisten – die Kartelle, Syndikate und Trusts – teilen vor allem den ganzen Binnenmarkt unter sich auf, indem sie die Produktion des betreffenden Landes mehr oder weniger vollständig an sich reißen. Aber der Binnenmarkt hängt unter dem Kapitalismus untrennbar mit

[1] Riesser, a. a. O., 4. Aufl., S. 375, und Diouritch, S. 283.
[2] »The Annals of the American Academy of Political and Social Science«, vol. LIX, May 1915 [Jahrbücher der Amerikanischen Akademie für Staats- und Sozialwissenschaften, Bd. 59, Mai 1915], S. 301; ebenda, S. 331, lesen wir, daß der bekannte Statistiker Paish im letzten Heft der Finanzzeitschrift »Statist« [Der Statistiker] die Summe des von England, Deutschland, Frankreich, Belgien und Holland exportierten Kapitals auf 40 Milliarden Dollar, d. h. 200 Milliarden Francs, schätzte.

dem Außenmarkt zusammen. Der Kapitalismus hat längst den Weltmarkt geschaffen. Und in dem Maße, wie der Kapitalexport wuchs und die ausländischen und kolonialen Verbindungen und »Einflußsphären« der riesigen Monopolverbände sich in jeder Weise erweiterten, kam es »natürlicherweise« unter ihnen zu Abmachungen im Weltmaßstab, zur Bildung von internationalen Kartellen.

Das ist eine neue Stufe der Weltkonzentration des Kapitals und der Produktion, eine unvergleichlich höhere Stufe als die vorangegangenen. Wir wollen sehen, wie dieses Übermonopol heranwächst.

Am typischsten für die neuesten Fortschritte der Technik, für den Kapitalismus am *Ende* des 19. und am Anfang des 20. Jahrhunderts ist die Elektroindustrie. Sie entwickelte sich am stärksten in den zwei fortgeschrittensten der neuen kapitalistischen Länder, in den Vereinigten Staaten und Deutschland. In Deutschland wurde das Anwachsen der Konzentration in diesem Industriezweig besonders stark durch die Krise vom Jahre 1900 beeinflußt. Die Banken, die damals schon fest genug mit der Industrie verwachsen waren, beschleunigten und vertieften während dieser Krise im höchsten Grade den Untergang verhältnismäßig kleiner Unternehmungen und ihre Aufsaugung durch große. »Indem sie« (die Banken), schreibt Jeidels, »gerade von den kapitalbedürftigsten Unternehmungen ihre Hand zurückziehen, befördern sie erst eine schwindelerregende Hausse, dann den rettungslosen Ruin der Gesellschaften, die nicht dauernd eng mit ihnen liiert sind.«[1*]

Die Folge davon war, daß nach 1900 die Konzentration mit Riesenschritten vorwärtsging. Vor 1900 gab es in der Elektroindustrie sieben oder acht »Gruppen«, wobei jede aus mehreren Gesellschaften (im ganzen waren es 28) bestand, und hinter jeder standen je 2–11 Banken. Um 1908–1912 verschmolzen alle diese Gruppen zu zwei oder zu einer einzigen. Dieser Prozeß ging folgendermaßen vor sich:

[1*] Jeidels, a. a. O., S. 232.

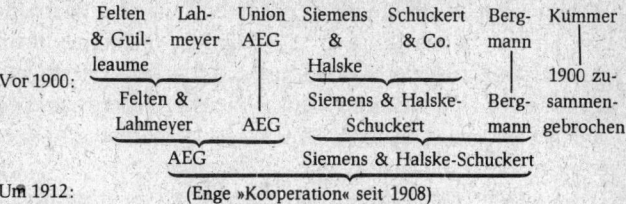

Gruppen in der Elektroindustrie

Felten & Guilleaume	Lahmeyer	Union AEG	Siemens & Halske	Schuckert & Co.	Bergmann	Kummer

Vor 1900:

Felten & Lahmeyer — AEG — Siemens & Halske-Schuckert — Bergmann — 1900 zusammengebrochen

AEG — Siemens & Halske-Schuckert

Um 1912: (Enge »Kooperation« seit 1908)

Die berühmte AEG (Allgemeine Elektrizitäts-Gesellschaft), die auf diese Weise entstanden ist, beherrscht (durch das »Beteiligungs«system) 175—200 Gesellschaften und verfügt über ein Kapital von ungefähr 1,5 *Milliarden* Mark. Sie hat allein 34 direkte Auslandsvertretungen, davon 12 Aktiengesellschaften, in mehr als 10 Staaten. Schon 1904 schätzte man die Kapitalanlagen der deutschen Elektroindustrie im Ausland auf 233 Millionen Mark, davon 62 Mill. in Rußland. Es erübrigt sich zu sagen, daß die Allgemeine Elektrizitäts-Gesellschaft ein riesiges »kombiniertes« Unternehmen darstellt — allein die Zahl ihrer Fabrikationsgesellschaften beträgt 16 —, das die verschiedenartigsten Erzeugnisse, von Kabeln und Isolatoren bis zu Automobilen und Flugmaschinen, herstellt.

Die Konzentration in Europa war aber auch ein Bestandteil des Konzentrationsprozesses in Amerika. Das ging folgendermaßen vor sich:

General Electric Co.

Amerika: Thomson-Houston Co. gründet für Europa die Firma | Edison Co. gründet für Europa die Firma: »Französische Edison Co.«; diese übergibt die Patente der deutschen Firma

Deutschland: Union Elektrizitäts-Gesellschaft | AEG

Allgemeine Elektrizitäts-Gesellschaft (AEG)

Auf diese Weise entstanden *zwei* Elektro»mächte«. »Andere Elektromächte, wenigstens von diesen beiden *völlig* unabhängige, gibt es auf der Erde nicht«, schreibt Heinig in seinem Aufsatz »Der Weg des Elektrotrusts«. Über den Umsatz und den Umfang der Betriebe beider »Trusts« geben folgende Zahlen eine ungefähre, bei weitem nicht erschöpfende Vorstellung:

	Warenumsatz (Mill. Mark)	Zahl der Angestellten	Nettogewinn (Mill. Mark)
Amerika:	1907: 252	28 000	35,4
General Electric Co. (GEC)	1910: 298	32 000	45,6
Deutschland:	1907: 216	30 700	14,5
Allgem. Elektr.-Ges. (AEG)	1911: 362	60 800	21,7

Und nun schließen 1907 der amerikanische und der deutsche Trust einen Vertrag über die Aufteilung der Welt. Die Konkurrenz wird ausgeschaltet. Die GEC »erhält« die Vereinigten Staaten und Kanada; der AEG werden Deutschland, Österreich, Rußland, Holland, Dänemark, die Schweiz, die Türkei und der Balkan »zugeteilt«. Besondere – natürlich geheime – Verträge werden über die »Tochtergesellschaften« abgeschlossen, die in neue Industriezweige und in »neue«, formell noch unverteilte Länder eindringen. Erfindungen und Erfahrungen werden gegenseitig ausgetauscht.[1]

Man versteht ohne weiteres, wie schwierig die Konkurrenz gegen diesen faktisch einheitlichen, die gesamte Welt umspannenden Trust ist, der über ein Kapital von mehreren Milliarden verfügt und seine »Niederlassungen«, Vertretungen, Agenturen, Verbindungen usw. an allen Ecken und Enden der Welt hat. Aber eine Aufteilung der Welt unter zwei mächtige Trusts schließt natürlich eine *Neuaufteilung* nicht aus, sobald das Kräfteverhältnis – infolge der ungleichmäßigen Entwicklung, von Kriegen, Zusammenbrüchen usw. – sich ändert.

[1] Riesser, a. a. O.; Diouritch, a. a. O., S. 239; Kurt Heinig, a. a. O.

Ein lehrreiches Beispiel dafür, wie eine solche Neuaufteilung versucht wird und wie um sie gekämpft wird, bietet die Petroleumindustrie.

»Der Petroleummarkt der Welt«, schreibt Jeidels 1905, »ist im wesentlichen auch noch heute unter zwei große Finanzgruppen aufgeteilt: die amerikanische ›Standard Oil Co.‹ Rockefellers und die Beherrscher des russischen Baku-Öls, Rothschild und Nobel. Beide Gruppen stehen in enger Verbindung, sind aber in ihrer Monopolstellung seit einer Reihe von Jahren von fünf Feinden bedroht«[1*]: 1. dem Versiegen der Petroleumquellen in Amerika; 2. der Konkurrenz der Firma Mantaschow in Baku; 3. den Petroleumvorkommen in Österreich und 4. in Rumänien; 5. den überseeischen Ölquellen, vornehmlich in den holländischen Kolonien (die steinreichen Firmen von Samuel und Shell, die auch mit dem englischen Kapital liiert sind). Die letzten drei Gruppen von Unternehmungen sind mit deutschen Großbanken, mit der größten, der »Deutschen Bank«, an der Spitze, liiert. Diese Banken haben selbständig und planmäßig die Petroleumindustrie gefördert, so z. B. in Rumänien, um einen »eigenen« Stützpunkt zu haben. In der rumänischen Petroleumindustrie schätzte man 1907 das fremde Kapital auf 185 Mill. Francs, wovon auf Deutschland 74 Mill. entfielen.[2*]

Es begann ein Kampf, der denn auch in der ökonomischen Literatur Kampf um »die Teilung der Welt« genannt wird. Einerseits Rockefellers »Petroleumtrust«, der, um *alles* an sich zu reißen, in Holland *selbst* eine »Tochtergesellschaft« gründete und Petroleumquellen in Niederländisch-Indien aufkaufte, um so seinem Hauptfeind, dem holländisch-englischen »Shell«-Trust, einen Schlag zu versetzen. Anderseits suchten die »Deutsche Bank« und andere Berliner Banken Rumänien »für sich zu behaupten« und es mit Rußland gegen Rockefeller zu vereinigen. Dieser verfügte über ein unvergleichlich größeres Kapital und einen ausgezeichnet organisierten Apparat für den

1* Jeidels, S. 193.
2* Diouritch, S. 245/246.

Transport und die Zustellung des Petroleums an die Verbraucher. Der Kampf mußte mit der völligen Niederlage der »Deutschen Bank« enden, was 1907 auch der Fall war. Es blieb ihr nur die Wahl: entweder ihre »Petroleuminteressen« mit Millionenverlust zu liquidieren oder sich zu unterwerfen. Sie wählte das letztere und schloß einen für die »Deutsche Bank« sehr ungünstigen Vertrag mit der Standard Oil. Auf Grund dieses Vertrags verpflichtete sich die »Deutsche Bank«, »nichts zum Nachteil der amerikanischen Interessen zu unternehmen«; dabei war jedoch vorgesehen, daß der Vertrag seine Gültigkeit verlieren solle, falls Deutschland durch Gesetz ein staatliches Petroleummonopol einführen werde.

Nun beginnt die »Petroleum-Komödie«. Einer der Finanzkönige Deutschlands, von Gwinner, Direktor der »Deutschen Bank«, läßt durch seinen Privatsekretär Stauß *für* ein Petroleummonopol agitieren. Der ganze Riesenapparat der Berliner Großbank, alle weitreichenden »Verbindungen« werden in Bewegung gesetzt, die Presse überschreit sich in »patriotischer« Empörung gegen »das Joch« des amerikanischen Trusts, und der Reichstag nimmt am 15. März 1911 beinahe einstimmig eine Resolution an, in der die Regierung aufgefordert wird, einen Gesetzentwurf über ein Petroleummonopol auszuarbeiten. Die Regierung griff diesen »populären« Gedanken auf, und die »Deutsche Bank«, die ihren amerikanischen Kontrahenten übers Ohr hauen und ihren Geschäften durch das Staatsmonopol nachhelfen wollte, schien gewonnenes Spiel zu haben. Die deutschen Petroleumkönige schwelgten schon im Vorgenuß der Riesenprofite, die den Profiten der russischen Zuckerfabrikanten nicht nachstehen würden... Aber da gerieten sich erstens die deutschen Großbanken in die Haare wegen der Teilung der Beute, und die »Disconto-Gesellschaft« enthüllte die eigennützigen Interessen der »Deutschen Bank«; zweitens bekam die Regierung Angst vor dem Kampf gegen Rockefeller, denn es war recht zweifelhaft, ob Deutschland ohne ihn Petroleum bekommen würde (Rumäniens Ausbeute war gering), und drittens stand die Bewilligung des Milliardenetats von 1913 für die Kriegsvorbereitung Deutschlands bevor. Das Monopolprojekt wurde vertagt. Rockefellers »Petroleumtrust« ging einstweilen als Sieger aus dem Kampf hervor.

Die Berliner Zeitschrift »Die Bank« schrieb aus diesem Anlaß, daß Deutschland den »Petroleumtrust« nur durch ein Strommonopol und Umsetzung der Wasserkräfte in billige Elektrizität bekämpfen könne. Aber, fügte der Verfasser hinzu, »das Strommonopol wird in dem Momente kommen, in dem die Produzenten es brauchen werden; nämlich dann, wenn der nächste große Krach in der Elektrizitätsindustrie vor der Tür stehen wird, wenn die gewaltigen, teuren Stromwerke, die von den Privatkonzernen der Elektrizitätsindustrie jetzt allenthalben gebaut werden und für die ihnen Staaten, Kommunen und andere Verbände schon jetzt partielle Monopole gewähren, nicht mehr rentabel zu arbeiten in der Lage sind. Dann wird man mit den Wasserkräften herausrücken müssen; aber man wird sie nicht von Staats wegen in billige Elektrizität umsetzen können, sondern man wird sie wieder einem ›staatlich kontrollierten Privatmonopol‹ überantworten müssen, weil die gewaltigen Abfindungen und Entschädigungen, die man der Privatindustrie... zahlen müßte, die Grundrente eines... Strommonopols zu stark belasten würden. So war es beim Kalimonopol, so ist es beim Petroleummonopol, so wird es beim Strommonopol sein. Mögen doch unsere Staatssozialisten, die sich durch ein schönes Prinzip blenden lassen, endlich einsehen, daß in Deutschland Monopole nie den Zweck und den Erfolg gehabt haben, dem Konsum zu nützen oder auch nur dem Staat Anteil an dem Unternehmergewinn zu gewähren, sondern immer nur dazu gedient haben, verfahrene Privatindustrien mit Staatshilfe zu sanieren.«[1]

Zu solchen wertvollen Geständnissen sehen sich bürgerliche deutsche Ökonomen genötigt. Wir sehen hier anschaulich, wie sich in der Epoche des Finanzkapitals private und staatliche Monopole miteinander verflechten und die einen wie die

[1] »Die Bank«, 1912, 2, 629, 1036; 1913, 1, 388.

anderen in Wirklichkeit bloß einzelne Glieder in der Kette des imperialistischen Kampfes zwischen den größten Monopolisten um die Teilung der Welt sind.

Auch in der Handelsschiffahrt hat das riesige Anwachsen der Konzentration zur Aufteilung der Welt geführt. In Deutschland entstanden zwei riesige Gesellschaften: die »Hamburg-Amerika-Linie« und der »Norddeutsche Lloyd« mit einem Kapital von je 200 Mill. Mark (in Aktien und Obligationen) und Dampfern im Werte von 185—189 Mill. Mark. Anderseits bildete sich am 1. Januar 1903 in Amerika der sogenannte Morgan-Trust, die »Internationale Gesellschaft für Seehandel«, die neun amerikanische und englische Schiffahrtsgesellschaften vereinigt und über ein Kapital von 120 Mill. Dollar (480 Mill. Mark) verfügt. Bereits 1903 schlossen die deutschen Kolosse mit diesem amerikanisch-englischen Trust einen Vertrag über die Aufteilung der Welt in Verbindung mit der Verteilung des Profits. Die deutschen Gesellschaften verzichteten auf die Konkurrenz im englisch-amerikanischen Frachtgeschäft. Es wurde genau festgelegt, wem welche Häfen »überlassen« werden, ein gemeinsamer Überwachungsausschuß wurde geschaffen usw. Der Vertrag wurde auf 20 Jahre geschlossen mit der Klausel, daß er im Kriegsfall außer Kraft tritt.[1]

Höchst lehrreich ist auch die Entstehungsgeschichte des internationalen Schienenkartells. Zum erstenmal unternahmen die englischen, belgischen und deutschen Schienenwerke bereits 1884, während einer starken industriellen Depression, den Versuch, ein solches Kartell zu bilden. Man einigte sich, auf dem Binnenmarkt der vertragschließenden Länder einander keine Konkurrenz zu machen und die Außenmärkte nach folgendem Schlüssel zu verteilen: England 66 %, Deutschland 27 % und Belgien 7 %. Indien blieb restlos England vorbehalten. Gegen eine englische Firma, die außerhalb der Vereinbarung blieb, wurde ein gemeinsamer Kampf geführt, dessen Kosten durch einen bestimmten Prozentsatz von den gesamten Verkäufen gedeckt wurden. Das Kartell zerfiel aber 1886, als zwei

[1] Riesser, a. a. O., S. 125.

englische Firmen aus ihm austraten. Es ist bezeichnend, daß es während der darauffolgenden Perioden des industriellen Aufschwungs nicht gelang, eine Konvention zustande zu bringen.

Anfang 1904 wurde das deutsche Stahlsyndikat gegründet. Im November 1904 wurde das internationale Schienenkartell erneuert nach dem Schlüssel: England 53,5 %, Deutschland 28,83 %, Belgien 17,67 %. Darauf schloß sich Frankreich an mit 4,8 %, 5,8 % und 6,4 % für das erste, zweite und dritte Jahr, und zwar über 100 % hinaus, d. h. bei einer Gesamtsumme von 104,8 % usw. Im Jahre 1905 trat der Stahltrust der Vereinigten Staaten (»United States Steel Corporation«) bei, später auch Österreich und Spanien. »Für den Augenblick«, schrieb Vogelstein 1910, »ist die Teilung der Erde vollendet, und die großen Konsumenten, vor allem die Staatsbahnen, können jetzt, da die Welt hingegeben ist, ohne daß ihre Interessen gewahrt wurden, wie der Dichter im Himmel des Zeus wohnen.«[1]

Erwähnt sei ferner das internationale Zinksyndikat, das 1909 gegründet wurde und den Produktionsumfang zwischen fünf Gruppen von Hütten genau verteilte, nämlich zwischen den deutschen, belgischen, französischen, spanischen und englischen; ferner der internationale Pulvertrust, diese, nach Liefmanns Worten, »ganz moderne enge Verbindung aller Sprengstoff herstellenden deutschen Unternehmungen, die alsdann mit den ähnlich organisierten französischen und amerikanischen Sprengstoffabriken sozusagen die ganze Welt unter sich verteilten«[2].

Im ganzen zählte Liefmann für das Jahr 1897 an die 40 internationale Kartelle, an denen Deutschland teilnahm, und um 1910 schon etwa 100.

Manche bürgerliche Schriftsteller (denen sich jetzt auch K. Kautsky zugesellt hat, der seiner marxistischen Einstellung, z. B. von 1909, völlig untreu geworden ist) gaben der Meinung

[1] Vogelstein, »Organisationsformen«, S. 100.

[2] Liefmann, »Kartelle und Trusts«, 2. A., S. 161.

Ausdruck, daß die internationalen Kartelle, als eine der am klarsten ausgeprägten Erscheinungsformen der Internationalisierung des Kapitals, die Erhaltung des Friedens zwischen den Völkern im Kapitalismus erhoffen lassen. Diese Ansicht ist theoretisch völlig unsinnig und praktisch ein Sophismus, eine unehrliche Methode, den schlimmsten Opportunismus zu verteidigen. Die internationalen Kartelle zeigen, bis zu welchem Grade die kapitalistischen Monopole jetzt angewachsen sind und *worum* der Kampf zwischen den Kapitalistenverbänden geht. Dieser letzte Umstand ist der wichtigste; nur er allein macht uns den historisch-ökonomischen Sinn des Geschehens klar, denn die *Form* des Kampfes kann wechseln und wechselt beständig aus verschiedenen, verhältnismäßig untergeordneten und zeitweiligen Gründen, aber das *Wesen* des Kampfes, sein Klassen*inhalt, kann* sich durchaus *nicht* ändern, solange es Klassen gibt. Selbstverständlich liegt es im Interesse z. B. der deutschen Bourgeoisie, auf deren Seite dem Wesen der Sache nach Kautsky in seinen theoretischen Darlegungen übergegangen ist (wovon noch die Rede sein wird), den *Inhalt* des heutigen ökonomischen Kampfes (Teilung der Welt) zu vertuschen und bald diese, bald jene *Form* des Kampfes hervorzukehren. Denselben Fehler begeht Kautsky. Und es handelt sich natürlich nicht um die deutsche, sondern um die internationale Bourgeoisie. Die Kapitalisten teilen die Welt nicht etwa aus besonderer Bosheit unter sich auf, sondern weil die erreichte Stufe der Konzentration sie zwingt, diesen Weg zu beschreiten, um Profite zu erzielen; dabei wird die Teilung »nach dem Kapital«, »nach der Macht« vorgenommen — eine andere Methode der Teilung kann es im System der Warenproduktion und des Kapitalismus nicht geben. Die Macht aber wechselt mit der ökonomischen und politischen Entwicklung; um zu begreifen, was vor sich geht, muß man wissen, welche Fragen durch Machtverschiebungen entschieden werden; ob diese Verschiebungen nun »rein« ökonomischer Natur oder *außer*ökonomischer (z. B. militärischer) Art sind, ist eine nebensächliche Frage, die an den grundlegenden Anschauungen über die jüngste Epoche des Kapitalismus nichts zu ändern vermag. Die Frage nach dem *Inhalt* des Kampfes und der Vereinbarungen zwischen den Kapitalistenverbänden durch die Frage nach der Form des Kampfes und der Vereinbarungen (heute friedlich, morgen nicht friedlich, übermorgen wieder nicht friedlich) ersetzen heißt zum Sophisten herabsinken.

Die Epoche des jüngsten Kapitalismus zeigt uns, daß sich unter den Kapitalistenverbänden bestimmte Beziehungen herausbilden *auf dem Boden* der ökonomischen Aufteilung der Welt, daß sich aber daneben und im Zusammenhang damit zwischen den politischen Verbänden, den Staaten, bestimmte Beziehungen herausbilden auf dem Boden der territorialen Aufteilung der Welt, des Kampfes um die Kolonien, »des Kampfes um das Wirtschaftsgebiet«.

VI. Die Aufteilung der Welt unter die Großmächte

In seinem Werk »Die territoriale Entwicklung der europäischen Kolonien« gibt der Geograph A. Supan[1] die folgende kurze Zusammenfassung dieser Entwicklung am Ende des 19. Jahrhunderts:

Vom Hundert der Fläche gehörten den europäischen Kolonialmächten (die Vereinigten Staaten eingerechnet):

	1876	1900	Zunahme um
In Afrika	10,8 %	90,4 %	+ 79,6 %
In Polynesien	56,8 %	98,9 %	+ 42,1 %
In Asien	51,5 %	56,6 %	+ 5,1 %
In Australien	100,0 %	100,0 %	–
In Amerika	27,5 %	27,2 %	– 0,3 %

[1] A. Supan, »Die territoriale Entwicklung der europäischen Kolonien«, 1906, S. 254.

»Das Charakteristische dieser Periode«, folgert Supan, »ist also die Aufteilung Afrikas und Polynesiens.« Da es in Asien und Amerika keine unbesetzten Länder gibt, d. h. solche, die keinem Staate gehören, so muß Supans Schlußfolgerung dahingehend erweitert werden, daß das Charakteristische dieser Periode die endgültige Aufteilung der Erde ist, endgültig nicht in dem Sinne, daß eine *Neuaufteilung* unmöglich wäre – im Gegenteil, Neuaufteilungen sind möglich und unvermeidlich –, sondern in dem Sinne, daß die Kolonialpolitik der kapitalistischen Länder die Besitzergreifung unbesetzter Länder auf unserem Planeten *beendet* hat. Die Welt hat sich zum erstenmal als bereits aufgeteilt erwiesen, so daß in der Folge *nur noch* Neuaufteilungen in Frage kommen, d. h. der Übergang von einem »Besitzer« auf den anderen, nicht aber die Besitzergreifung herrenlosen Landes.

Wir leben folglich in einer eigenartigen Epoche der kolonialen Weltpolitik, die auf engste verknüpft ist mit »der jüngsten Entwicklungsstufe des Kapitalismus«, mit dem Finanzkapital. Es ist daher notwendig, vor allem eingehender bei dem Tatsachenmaterial zu verweilen, um sowohl den Unterschied dieser Epoche von den vorhergegangenen als auch die gegenwärtige Sachlage so genau wie möglich zu klären. Zunächst tauchen hier zwei konkrete Fragen auf: ob eine Verstärkung der Kolonialpolitik, eine Verschärfung des Kampfes um die Kolonien gerade in der Epoche des Finanzkapitals zu beobachten ist und wie gerade in dieser Hinsicht die Welt augenblicklich verteilt ist.

Der amerikanische Schriftsteller Morris versucht in seinem Buch über die Geschichte der Kolonisation[1] die Daten über die Größe des englischen, französischen und deutschen Kolonialbesitzes für verschiedene Zeitabschnitte des 19. Jahrhunderts zusammenzufassen.

Nachstehend gekürzt seine Berechnungen:

[1] Henry C. Morris, »The History of Colonization« [Die Geschichte der Kolonisation], N. Y. 1900, Bd. II, S. 88; I, 419; II, 304.

Jahre	England		Frankreich		Deutschland	
	Fläche (Mill. Quadratmeilen)	Bevölkerung (Mill.)	Fläche (Mill. Quadratmeilen)	Bevölkerung (Mill.)	Fläche (Mill. Quadratmeilen)	Bevölkerung (Mill.)
1815–1830	?	126,4	0,02	0,5	–	–
1860	2,5	145,1	0,2	3,4	–	–
1880	7,7	267,9	0,7	7,5	–	–
1899	9,3	309,0	3,7	56,4	1,0	14,7

Die kolonialen Eroberungen Englands nehmen am gewaltigsten in den Jahren 1860–1880 zu und sind auch in den letzten zwei Jahrzehnten des 19. Jahrhunderts sehr beträchtlich. Die kolonialen Eroberungen Frankreichs und Deutschlands fallen hauptsächlich gerade in diese zwei Jahrzehnte. Wir haben bereits gesehen, daß die Periode der höchsten Entwicklung des vormonopolistischen Kapitalismus, des Kapitalismus mit vorwiegend freier Konkurrenz, in die sechziger und siebziger Jahre des vorigen Jahrhunderts fällt. Jetzt sehen wir, daß *gerade nach dieser Periode* ein ungeheurer »Aufschwung« der kolonialen Eroberungen beginnt und der Kampf um die territoriale Aufteilung der Welt sich im höchsten Grade verschärft. Unzweifelhaft ist daher die Tatsache, daß der Übergang des Kapitalismus zum Stadium des Monopolkapitalismus, zum Finanzkapital, mit einer Verschärfung des Kampfes um die Aufteilung der Welt *verknüpft* ist.

In seinem Werk über den Imperialismus hebt Hobson die Periode von 1884–1900 als Periode verstärkter »Expansion« (Erweiterung des Territorialbesitzes) der wichtigsten europäischen Staaten hervor. Seiner Berechnung nach erwarb England während dieser Zeit 3,7 Millionen Quadratmeilen mit einer Bevölkerung von 57 Mill.; Frankreich 3,6 Mill. Quadratmeilen mit einer Bevölkerung von $36^1/_2$ Mill.; Deutschland 1 Mill. Quadratmeilen mit 14,7 Mill.; Belgien 900 000 Quadratmeilen mit 30 Mill. und Portugal 800 000 Quadratmeilen mit 9 Mill. Einwohnern. Die Jagd aller kapitalistischen Staaten nach Kolonien gegen Ende des 19. Jahrhunderts und besonders seit den achtziger Jahren ist eine allbekannte Tatsache in der Geschichte der Diplomatie und der Außenpolitik.

Zur Zeit der höchsten Blüte der freien Konkurrenz in England, in den Jahren 1840–1860, waren die führenden bürgerlichen Politiker Englands *Gegner* der Kolonialpolitik und hielten die Befreiung der Kolonien und ihre völlige Lostrennung von England für unvermeidlich und nützlich. M. Beer weist in seinem 1898 erschienenen Artikel über »den modernen englischen Imperialismus«[1] darauf hin, daß 1852 ein solcher englischer Staatsmann wie Disraeli, der im allgemeinen durchaus imperialistisch eingestellt war, geäußert hat: »Die Kolonien sind Mühlsteine um unseren Hals.« Gegen Ende des 19. Jahrhunderts aber waren in England die Helden des Tages Cecil Rhodes und Joseph Chamberlain, die offen den Imperialismus predigten und mit dem größten Zynismus eine imperialistische Politik trieben!

Nicht uninteressant ist es, daß der Zusammmhang zwischen den sozusagen rein ökonomischen und den sozial-politischen Wurzeln des modernen Imperialismus schon damals für diese führenden Politiker der englischen Bourgeoisie klar war. Chamberlain predigte den Imperialismus als die »wahre, weise und sparsame Politik« und verwies besonders auf die Konkurrenz Deutschlands, Amerikas und Belgiens, der England jetzt auf dem Weltmarkt begegnet. Die Rettung liegt im Monopol – sagten die Kapitalisten und gründeten Kartelle, Syndikate und Trusts; die Rettung liegt im Monopol – sekundierten die politischen Führer der Bourgeoisie und beeilten sich, die noch unverteilten Gebiete der Welt an sich zu reißen. Cecil Rhodes hat, wie sein intimer Freund, der Journalist Stead, erzählt, 1895 über seine imperialistischen Ideen gesagt: »Ich war gestern im Ostende von London (Arbeiterviertel) und besuchte eine Arbeitslosenversammlung. Und als ich nach den dort gehörten

---

[1] »Die Neue Zeit«, XVI, 1, 1898, S. 302.

wilden Reden, die nur ein Schrei nach Brot waren, nach Hause ging, da war ich von der Wichtigkeit des Imperialismus mehr denn je überzeugt... Meine große Idee ist die Lösung des sozialen Problems, d. h., um die vierzig Millionen Einwohner des Vereinigten Königreichs vor einem mörderischen Bürgerkrieg zu schützen, müssen wir Kolonialpolitiker neue Ländereien erschließen, um den Überschuß an Bevölkerung aufzunehmen, und neue Absatzgebiete schaffen für die Waren, die sie in ihren Fabriken und Minen erzeugen. Das Empire, das habe ich stets gesagt, ist eine Magenfrage. Wenn Sie den Bürgerkrieg nicht wollen, müssen Sie Imperialisten werden.«[1]

So sprach im Jahre 1895 Cecil Rhodes, Millionär, Finanzkönig und Hauptschuldiger am Burenkrieg. Seine Verteidigung des Imperialismus ist nur grob und zynisch, dem Wesen der Sache nach aber unterscheidet sie sich in nichts von der »Theorie« der Herren Maslow, Südekum, Potressow und David sowie des Begründers des russischen Marxismus usw. usf. Cecil Rhodes war nur ein etwas ehrlicherer Sozialchauvinist...

Um ein möglichst genaues Bild von der territorialen Aufteilung der Welt und den in dieser Hinsicht in den letzten Jahrzehnten erfolgten Veränderungen zu vermitteln, wollen wir die Daten benutzen, die Supan in dem oben zitierten Werk über den Kolonialbesitz aller Staaten der Welt zusammengefaßt hat. Supan nimmt die Jahre 1876 und 1900; wir wollen das Jahr 1876 nehmen, einen gut gewählten Zeitpunkt, denn gerade zu dieser Zeit kann man die Entwicklung des westeuropäischen Kapitalismus in seinem vormonopolistischen Stadium im großen und ganzen als beendet betrachten, ferner das Jahr 1914, wobei wir Supans Zahlen durch neuere Daten aus Hübners »Geographisch-statistischen Tabellen« ersetzen. Supan befaßt sich nur mit den Kolonien; wir halten es für nützlich, zur Vervollständigung des Bildes über die Aufteilung der Welt kurz auch die Angaben hinzuzufügen über die nichtkolonialen Länder sowie über die Halbkolonien, zu denen wir Persien, China und die Türkei zählen: Persien ist schon fast

[1] Ebenda, S. 304.

vollständig zur Kolonie geworden, China und die Türkei sind im Begriff, es zu werden.

Wir erhalten folgende Ergebnisse:

Kolonialbesitz der Großmächte
(Mill. Quadratkilometer und Mill. Einwohner)

	Kolonien				Metropolen		Insgesamt	
	1876		1914		1914		1914	
	qkm	Einw.	qkm	Einw.	qkm	Einw.	qkm	Einw.
England	22,5	251,9	33,5	393,5	0,3	46,5	33,8	440,0
Rußland	17,0	15,9	17,4	33,2	5,4	136,2	22,8	169,4
Frankreich	0,9	6,0	10,6	55,5	0,5	39,6	11,1	95,1
Deutschland	–	–	2,9	12,3	0,5	64,9	3,4	77,2
Vereinigte Staaten	–	–	0,3	9,7	9,4	97,0	9,7	106,7
Japan	–	–	0,3	19,2	0,4	53,0	0,7	72,2
6 Großmächte zusammen	40,4	273,8	65,0	523,4	16,5	437,2	81,5	960,6
Kolonialbesitz der übrigen Staaten (Belgien, Holland usw.)							9,9	45,3
Halbkolonien (Persien, China, Türkei)							14,5	361,2
Die übrigen Länder							28,0	289,9
Der ganze Erdball							133,9	1 657,0

Wir sehen hier anschaulich, in welchem Maße die Teilung der Welt um die Wende des 19. und 20. Jahrhunderts »beendet« war. Der Kolonialbesitz hat nach 1876 ungeheuer zugenommen: Er wuchs bei den sechs Großmächten von 40 auf 65 Millionen Quadratkilometer, auf mehr als das Anderthalbfache; der Zuwachs beträgt 25 Mill. Quadratkilometer, anderthalbmal soviel wie die Bodenfläche der Metropolen (16,5 Mill.). Drei Mächte hatten 1876 überhaupt keine und die vierte, Frankreich, hatte fast keine Kolonien. Bis zum Jahre 1914 haben diese vier Staaten Kolonien mit einer Fläche von 14,1 Mill. Quadratkilometern erworben, d. h. ungefähr das Anderthalbfache der Gesamtfläche Europas, mit einer Bevölkerung von fast 100 Millionen Menschen. Die Erweiterung des Kolonialbesitzes geht höchst ungleichmäßig vor sich. Vergleicht man z. B. Frankreich, Deutschland und Japan, die sich ihrer Bodenfläche und Einwohnerzahl nach nicht allzusehr voneinander unterscheiden, so stellt sich heraus, daß Frankreich (der Fläche nach) beinahe dreimal soviel Kolonien erworben hat wie Deutschland und Japan zusammengenommen. Das französische Finanzkapital war aber zu Beginn dieser Periode vielleicht ebenfalls um ein mehrfaches größer als das Deutschlands und Japans zusammengenommen. Auf die Größe des Kolonialbesitzes haben außer den rein ökonomischen Bedingungen und auf ihrer Basis auch die geographischen und sonstigen Verhältnisse Einfluß. Welch starke Nivellierung der Welt, welch großer Ausgleich der Wirtschafts- und Lebensbedingungen in den verschiedenen Ländern unter dem Druck der Großindustrie, des Austausches und des Finanzkapitals in den letzten Jahrzehnten auch vor sich gegangen sein mag, ein beträchtlicher Unterschied bleibt dennoch bestehen, und unter den genannten sechs Ländern finden wir einerseits junge kapitalistische Länder, die ungewöhnlich rasch vorangeschritten sind (Amerika, Deutschland, Japan); anderseits Länder alter kapitalistischer Entwicklung, die sich in der letzten Zeit viel langsamer entwickelt haben als die ersteren (Frankreich und England); und schließlich ein Land, das in ökonomischer Hinsicht am meisten zurückgeblieben ist (Rußland), in dem der moderne kapitalistische Imperialismus sozusagen mit einem besonders dichten Netz vorkapitalistischer Verhältnisse überzogen ist.

Neben den Kolonialbesitz der Großmächte haben wir die kleinen Kolonien der kleinen Staaten gesetzt, die gewissermaßen das nächste Objekt einer möglichen und wahrscheinlichen »Neuaufteilung« der Kolonien bilden. Diese kleinen Staaten behalten ihre Kolonien zumeist nur dank dem Umstand, daß unter den Großstaaten Interessengegensätze, Reibungen usw. bestehen, die sie hindern, sich über die Teilung der Beute zu verständigen. Was die »halbkolonialen« Staaten betrifft, so sind sie ein Beispiel für jene Übergangsformen, die uns auf allen Gebieten der Natur und der Gesellschaft begegnen. Das Finanzkapital ist eine so gewaltige, man darf wohl sagen, entscheidende Macht in allen ökonomischen und in allen internationalen Beziehungen, daß es sich sogar Staaten unterwerfen kann und tatsächlich auch unterwirft, die volle politische Unabhängigkeit genießen; wir werden sogleich Beispiele dafür sehen. Aber selbstverständlich bietet dem Finanzkapital die meisten »Annehmlichkeiten« und die größten Vorteile eine *solche* Unterwerfung, die mit dem Verlust der politischen Unabhängigkeit der Länder und Völker, die unterworfen werden, verbunden ist. Die halbkolonialen Länder sind in dieser Beziehung als »Mittelding« typisch. Der Kampf um diese halbabhängigen Länder mußte begreiflicherweise besonders akut werden in der Epoche des Finanzkapitals, als die übrige Welt bereits aufgeteilt war.

Kolonialpolitik und Imperialismus hat es auch vor dem jüngsten Stadium des Kapitalismus und sogar vor dem Kapitalismus gegeben. Das auf Sklaverei beruhende Rom trieb Kolonialpolitik und war imperialistisch. Aber »allgemeine« Betrachtungen über den Imperialismus, die den radikalen Unterschied zwischen den ökonomischen Gesellschaftsformationen vergessen oder in den Hintergrund schieben, arten unvermeidlich in leere Banalitäten oder Flunkereien aus, wie etwa der Vergleich des »größeren Rom mit dem größeren Britannien«[1]. Selbst die kapitalistische Kolonialpolitik der *früheren* Stadien des Kapitalismus unterscheidet sich wesentlich von der Kolonialpolitik des Finanzkapitals.

Die grundlegende Besonderheit des modernen Kapitalismus ist die Herrschaft der Monopolverbände der Großunternehmer. Derartige Monopole sind am festesten, wenn *alle* Rohstoffquellen in einer Hand zusammengefaßt werden, und wir

[1] C. P. Lucas, »Greater Rome and Greater Britain« [Das größere Rom und das größere Britannien], Oxf. 1912 oder Earl of Cromer, »Ancient and Modern Imperialism« [Antiker und moderner Imperialismus], L. 1910.

haben gesehen, wie eifrig die internationalen Kapitalistenverbände bemüht sind, dem Gegner jede Konkurrenz unmöglich zu machen, wie eifrig sie bemüht sind, z. B. Eisenerzlager oder Petroleumquellen usw. aufzukaufen. Einzig und allein der Kolonialbesitz bietet volle Gewähr für den Erfolg der Monopole gegenüber allen Zufälligkeiten im Kampfe mit dem Konkurrenten − bis zu einer solchen Zufälligkeit einschließlich, daß der Gegner auf den Wunsch verfallen könnte, sich hinter ein Gesetz über ein Staatsmonopol zu verschanzen. Je höher entwickelt der Kapitalismus, je stärker fühlbar der Rohstoffmangel, je schärfer ausgeprägt die Konkurrenz und die Jagd nach Rohstoffquellen in der ganzen Welt sind, desto erbitterter ist der Kampf um die Erwerbung von Kolonien.

»Es kann sogar«, schreibt Schilder, »die manchen vielleicht paradox erscheinende Behauptung gewagt werden, daß das Wachstum der städtisch-industriellen Bevölkerung in irgendwie absehbarer Zeit weit eher durch nicht genügende Mengen der zur Verfügung stehenden industriellen Rohstoffe als durch irgendeinen Mangel an Nahrungsmitteln aufgehalten werden könnte.« Es mangelt beispielsweise zusehends an Holz, das immer teurer wird, an Leder, an Rohstoffen für die Textilindustrie. »Als Beispiele für die Bemühungen industrieller Verbände, den Ausgleich zwischen Landwirtschaft und Industrie innerhalb der gesamten Weltwirtschaft durchzuführen, wären zu erwähnen: der seit 1904 bestehende internationale Verband der Baumwollspinner-Vereine in den wichtigsten Industriestaaten, der nach diesem Muster im Jahre 1910 begründete Verband der europäischen Leinenspinner-Vereine.«[1]

Natürlich versuchen bürgerliche Reformer, darunter besonders die Kautskyaner von heute, die Bedeutung derartiger Tatsachen durch den Hinweis abzuschwächen, daß man Rohstoffe ohne die »kostspielige und gefährliche« Kolonialpolitik auf dem freien Markt erhalten »könne«, daß man das Angebot an Rohstoffen durch »einfache« Hebung der Landwirtschaft überhaupt gewaltig steigern »könne«. Aber derartige Hinweise

[1] Schilder, a. a. O., S. 38−42.

verwandeln sich in eine Apologie des Imperialismus, in dessen Beschönigung, denn sie beruhen auf der Außerachtlassung der wichtigsten Besonderheit des modernen Kapitalismus: der Monopole. Der freie Markt rückt immer mehr in die Vergangenheit, monopolistische Syndikate und Trusts engen ihn von Tag zu Tag mehr ein, die »einfache« Hebung der Landwirtschaft aber läuft auf eine Hebung der Lage der Massen, auf eine Erhöhung der Löhne und eine Verminderung des Profits hinaus. Wo existieren jedoch, außer in der Phantasie süßlicher Reformer, Trusts, die fähig wären, sich um die Lage der Massen zu kümmern, anstatt Kolonien zu erobern?

Nicht allein die bereits entdeckten Rohstoffquellen sind für das Finanzkapital von Bedeutung, sondern auch die eventuell noch zu erschließenden, denn die Technik entwickelt sich in unseren Tagen mit unglaublicher Geschwindigkeit, und Ländereien, die heute unbrauchbar sind, können morgen brauchbar gemacht werden, sobald neue Verfahren gefunden (dazu kann eine Großbank eine besondere Expedition von Ingenieuren, Agronomen usw. ausrüsten) und größere Kapitalien aufgewandt werden. Dasselbe läßt sich über Schürfungen von Minerallagerstätten, über neue Methoden der Bearbeitung und Nutzbarmachung dieser oder jener Rohstoffe usw. usf. sagen. Daher das unvermeidliche Streben des Finanzkapitals nach Erweiterung des Wirtschaftsgebietes, ja des Gebietes schlechthin. Wie die Trusts ihr Vermögen auf Grund einer doppelten oder dreifachen Schätzung kapitalisieren, indem sie die in Zukunft »möglichen« (aber gegenwärtig nicht vorhandenen) Profite und die weiteren Ergebnisse des Monopols in Rechnung stellen, so ist auch das Finanzkapital im allgemeinen bestrebt, möglichst viel Ländereien an sich zu reißen, gleichviel welche, gleichviel wo, gleichviel wie, immer auf mögliche Rohstoffquellen bedacht und von Angst erfüllt, in dem tollen Kampf um die letzten Stücke der unverteilten Welt oder bei der Neuverteilung der bereits verteilten Stücke zu kurz zu kommen.

Die englischen Kapitalisten sind auf jede Art und Weise bemüht, die Baumwollproduktion in *ihrer* Kolonie Ägypten zu fördern — im Jahre 1904 waren von 2,3 Millionen Hektar Kulturland in Ägypten bereits 0,6 Mill., d.h. mehr als ein Viertel, mit Baumwolle bepflanzt —, die Russen in *ihrer* Kolonie Turkestan, denn auf diese Weise können sie ihre ausländischen Konkurrenten leichter schlagen, können sie die Rohstoffquellen leichter monopolisieren und einen sparsamer wirtschaftenden und profitableren Textiltrust schaffen mit »kombinierter« Produktion, mit Konzentration *aller* Stadien der Baumwollerzeugung und -verarbeitung in einer Hand.

Die Interessen des Kapitalexports drängen ebenfalls zur Eroberung von Kolonien, denn auf dem Kolonialmarkt ist es leichter (und mitunter einzig und allein auch möglich), durch monopolistische Mittel den Konkurrenten auszuschalten, sich Lieferungen zu sichern, entsprechende »Verbindungen« zu festigen u. a. m.

Der außerökonomische Überbau, der sich auf der Grundlage des Finanzkapitals erhebt, seine Politik, seine Ideologie steigern den Drang nach kolonialen Eroberungen. »Das Finanzkapital will nicht Freiheit, sondern Herrschaft«, sagt Hilferding mit Recht. Und gleichsam in Erweiterung und Ergänzung des oben zitierten Gedankens von Cecil Rhodes[18] schreibt ein bürgerlicher französischer Schriftsteller, daß den ökonomischen Ursachen der modernen Kolonialpolitik soziale hinzugefügt werden müssen: »Infolge der zunehmenden Schwierigkeiten des Lebens, die nicht nur auf den Arbeitermassen, sondern auch auf den Mittelklassen lasten, sieht man, wie sich in allen Ländern der alten Zivilisation ›Ungeduld, Empörung und Haß ansammeln, die den öffentlichen Frieden bedrohen, wie sich deklassierte Energien, tumultuarische Gewalten anhäufen, die es einzudämmen gilt, um sie für irgendeine große Sache außerhalb des Landes zu gebrauchen, soll nicht eine Explosion im Innern erfolgen‹.«[1*]

Spricht man von der Kolonialpolitik in der Epoche des kapitalistischen Imperialismus, dann muß bemerkt werden, daß das

[1*] Wahl, »La France aux colonies« [Frankreich in den Kolonien], zitiert bei Henri Russier, »Le partage de l'Océanie« [Die Aufteilung Ozeaniens], P. 1905, S. 165.

Finanzkapital und die ihm entsprechende internationale Politik, die auf einen Kampf der Großmächte um die ökonomische und politische Aufteilung der Welt hinausläuft, eine ganze Reihe von *Übergangs*formen der staatlichen Abhängigkeit schaffen. Typisch für diese Epoche sind nicht nur die beiden Hauptgruppen von Ländern – die Kolonien besitzenden und die Kolonien selber –, sondern auch die verschiedenartigen Formen der abhängigen Länder, die politisch, formal selbständig, in Wirklichkeit aber in ein Netz finanzieller und diplomatischer Abhängigkeit verstrickt sind. Auf eine dieser Formen, die Halbkolonien, haben wir bereits hingewiesen. Ein Musterbeispiel für eine andere Form ist z. B. Argentinien.

»Das südliche Südamerika, insbesondere Argentinien«, schreibt Schulze-Gaevernitz in seinem Werk über den britischen Imperialismus, »findet sich in solcher finanzieller Abhängigkeit von London, daß es fast als englische Handelskolonie zu bezeichnen ist.«[1] Die in Argentinien intensivierten Kapitalien Englands schätzt Schilder auf Grund des Jahresberichtes des österreichisch-ungarischen Konsuls in Buenos Aires für 1909 auf $8^3/_4$ Milliarden Francs. Man kann sich leicht vorstellen, mit wie festen Banden infolgedessen das Finanzkapital Englands – und sein treuer »Freund«, die Diplomatie – mit der Bourgeoisie Argentiniens und den führenden Kreisen seines gesamten wirtschaftlichen und politischen Lebens verknüpft ist.

Eine etwas anders geartete Form finanzieller und diplomatischer Abhängigkeit, bei politischer Unabhängigkeit, bietet uns Portugal. Portugal ist ein selbständiger, souveräner Staat, aber faktisch steht es seit mehr als 200 Jahren, seit dem spanischen Erbfolgekrieg (1701–1714), unter dem Protektorat Englands. England verteidigte Portugal und dessen Kolonialbesitz, um seine eigene Position im Kampfe gegen seine

---

[1] Schulze-Gaevernitz, »Britischer Imperialismus und englischer Freihandel zu Beginn des zwanzigsten Jahrhunderts«, Lpz. 1906, S. 318. Dasselbe sagt Sartorius v. Waltershausen, »Das volkswirtschaftliche System der Kapitalanlage im Auslande«, Berlin 1907, S. 46.

Gegner, Spanien und Frankreich, zu stärken. Dafür erhielt England Handelsprivilegien, bessere Bedingungen beim Warenexport und besonders beim Kapitalexport nach Portugal und seinen Kolonien, die Möglichkeit, die Häfen und Inseln Portugals zu benutzen, seine Kabel usw. usf.[1*] Derartige Beziehungen zwischen einzelnen großen und kleinen Staaten hat es immer gegeben, aber in der Epoche des kapitalistischen Imperialismus werden sie zum allgemeinen System, bilden sie einen Teil der Gesamtheit der Beziehungen bei der »Aufteilung der Welt« und verwandeln sich in Kettenglieder der Operationen des Weltfinanzkapitals.

Um die Frage der Aufteilung der Welt abzuschließen, müssen wir noch folgendes bemerken. Nicht nur die amerikanische Literatur nach dem Spanisch-Amerikanischen und die englische Literatur nach dem Burenkrieg haben Ende des 19. und Anfang des 20. Jahrhunderts diese Frage ganz offen und bestimmt aufgeworfen; nicht nur die deutsche Literatur, die dem »britischen Imperialismus« am »eifersüchtigsten« nachspürte, hat diese Tatsache systematisch bewertet. Auch in der französischen bürgerlichen Literatur wurde diese Frage ziemlich bestimmt und breit gestellt, soweit dies vom bürgerlichen Standpunkt denkbar ist. Wir verweisen auf den Historiker Driault, der in seinem Buch »Die politischen und sozialen Probleme Ende des 19. Jahrhunderts« in dem Kapitel »Die Großmächte und die Aufteilung der Welt« folgendes schrieb: »In diesen letzten Jahren wurden alle unbesetzten Gebiete des Erdballs, außer China, von den Mächten Europas und Nordamerikas erobert; es kam zu einigen Konflikten und Einflußverschiebungen, die Vorboten noch furchtbarerer Erschütterungen in der nahen Zukunft sind. Denn man muß sich beeilen: die Nationen, die nicht versorgt sind, riskieren, es niemals zu werden und nicht an der ungeheuren Ausbeutung der Erde teilnehmen zu können, die eine der wesentlichsten Tatsachen des kommenden« (d. h. des 20.) »Jahrhunderts sein wird. Das ist der Grund, weshalb Europa und Amerika vor kurzem von

[1*] Schilder, a. a. O., I, S. 160/161.

einem Fieber der kolonialen Expansion erfaßt worden sind, des ›Imperialismus‹, der den markantesten Charakterzug des Ausgangs des 19. Jahrhunderts bildet.« Und der Verfasser fügte hinzu: »Bei dieser Aufteilung der Welt, bei dieser wahnwitzigen Jagd nach den Schätzen und Großmärkten der Erde steht die relative Bedeutung der in diesem (dem 19.) Jahrhundert gegründeten Reiche in gar keinem Verhältnis zu der Stellung, die die Nationen, von denen sie gegründet wurden, in Europa einnehmen. Die Mächte, die in Europa dominieren und über sein Schicksal entscheiden, dominieren *nicht* in gleicher Weise in der Welt. Und da die koloniale Größe, die Hoffnung auf noch ungezählte Reichtümer, offenbar auf die relative Bedeutung der europäischen Staaten zurückwirken wird, hat die Kolonialfrage, der ›Imperialismus‹, wenn man will, die politischen Verhältnisse in Europa selbst schon verändert und wird sie immer mehr verändern.«[1*]

VII. Der Imperialismus als besonderes Stadium des Kapitalismus

Wir müssen nun versuchen, das oben über den Imperialismus Gesagte zusammenzufassen und gewisse Schlußfolgerungen zu ziehen. Der Imperialismus erwuchs als Weiterentwicklung und direkte Fortsetzung der Grundeigenschaften des Kapitalismus überhaupt. Zum kapitalistischen Imperialismus aber wurde der Kapitalismus erst auf einer bestimmten, sehr hohen Entwicklungsstufe, als einige seiner Grundeigenschaften in ihr Gegenteil umzuschlagen begannen, als sich auf der ganzen Linie die Züge einer Übergangsperiode vom Kapitalismus zu einer höheren ökonomischen Gesellschaftsformation herausbildeten und sichtbar wurden. Ökonomisch ist das Grundlegende in diesem Prozeß die Ablösung der kapitalistischen freien Konkurrenz durch die kapitalistischen Monopole. Die

[1*] J. E. Driault, »Les problèmes politiques et sociaux« [Die politischen und sozialen Probleme], P. 1907, S. 299.

freie Konkurrenz ist die Grundeigenschaft des Kapitalismus und der Warenproduktion überhaupt; das Monopol ist der direkte Gegensatz zur freien Konkurrenz, aber diese begann sich vor unseren Augen zum Monopol zu wandeln, indem sie die Großproduktion schuf, den Kleinbetrieb verdrängte, die großen Betriebe durch noch größere ersetzte, die Konzentration der Produktion und des Kapitals so weit trieb, daß daraus das Monopol entstand und entsteht, nämlich: Kartelle, Syndikate, Trusts und das mit ihnen verschmelzende Kapital eines Dutzends von Banken, die mit Milliarden schalten und walten. Zugleich aber beseitigten die Monopole nicht die freie Konkurrenz, aus der sie erwachsen, sondern bestehen über und neben ihr und erzeugen dadurch eine Reihe besonders krasser und schroffer Widersprüche, Reibungen und Konflikte. Das Monopol ist der Übergang vom Kapitalismus zu einer höheren Ordnung.

Würde eine möglichst kurze Definition des Imperialismus verlangt, so müßte man sagen, daß der Imperialismus das monopolistische Stadium des Kapitalismus ist. Eine solche Definition enthielte die Hauptsache, denn auf der einen Seite ist das Finanzkapital das Bankkapital einiger weniger monopolistischer Großbanken, das mit dem Kapital monopolistischer Industrieverbände verschmolzen ist, und auf der anderen Seite ist die Aufteilung der Welt der Übergang von einer Kolonialpolitik, die sich ungehindert auf noch von keiner kapitalistischen Macht eroberte Gebiete ausdehnt, zu einer Kolonialpolitik der monopolistischen Beherrschung des Territoriums der restlos aufgeteilten Erde.

Doch sind allzu kurze Definitionen zwar bequem, denn sie fassen das Wichtigste zusammen, aber dennoch unzulänglich, sobald aus ihnen speziell die wesentlichen Züge der zu definierenden Erscheinung abgeleitet werden sollen. Deshalb muß man – ohne zu vergessen, daß alle Definitionen überhaupt nur bedingte und relative Bedeutung haben, da eine Definition niemals die allseitigen Zusammenhänge einer Erscheinung in ihrer vollen Entfaltung umfassen kann – eine solche Definition des Imperialismus geben, die folgende fünf seiner grundlegenden Merkmale enthalten würde: 1. Konzentration der Produktion und des Kapitals, die eine so hohe Entwicklungsstufe erreicht hat, daß sie Monopole schafft, die im Wirtschaftsleben die entscheidende Rolle spielen; 2. Verschmelzung des Bankkapitals mit dem Industriekapital und Entstehung einer Finanzoligarchie auf der Basis dieses »Finanzkapitals«; 3. der Kapitalexport, zum Unterschied vom Warenexport, gewinnt besonders wichtige Bedeutung; 4. es bilden sich internationale monopolistische Kapitalistenverbände, die die Welt unter sich teilen, und 5. die territoriale Aufteilung der Erde unter die kapitalistischen Großmächte ist beendet. Der Imperialismus ist der Kapitalismus auf jener Entwicklungsstufe, wo die Herrschaft der Monopole und des Finanzkapitals sich herausgebildet, der Kapitalexport hervorragende Bedeutung gewonnen, die Aufteilung der Welt durch die internationalen Trusts begonnen hat und die Aufteilung des gesamten Territoriums der Erde durch die größten kapitalistischen Länder abgeschlossen ist.

Wir werden später sehen, wie der Imperialismus anders definiert werden kann und muß, wenn man nicht nur die grundlegenden rein ökonomischen Begriffe (auf die sich die angeführte Definition beschränkt) im Auge hat, sondern auch den historischen Platz dieses Stadiums des Kapitalismus in bezug auf den Kapitalismus überhaupt oder das Verhältnis zwischen dem Imperialismus und den zwei Grundrichtungen innerhalb der Arbeiterbewegung. Es sei gleich hier bemerkt, daß der Imperialismus, in diesem Sinne aufgefaßt, zweifellos ein besonderes Entwicklungsstadium des Kapitalismus darstellt. Um dem Leser eine möglichst gut fundierte Vorstellung vom Imperialismus zu geben, waren wir absichtlich bestrebt, möglichst viele Äußerungen *bürgerlicher* Ökonomen zu zitieren, die sich gezwungen sehen, besonders unstreitbar feststehende Tatsachen aus der neuesten Ökonomik des Kapitalismus anzuerkennen. Zu demselben Zweck haben wir ausführliche statistische Daten angeführt, die zeigen, bis zu welchem Grade das

Bankkapital angewachsen ist usw. und worin eben das Umschlagen der Quantität in Qualität, das Umschlagen des hochentwickelten Kapitalismus in den Imperialismus seinen Ausdruck gefunden hat. Es erübrigt sich natürlich zu sagen, daß alle Grenzen in Natur und Gesellschaft bedingt und beweglich sind, daß es sinnlos wäre, z. B. über die Frage zu streiten, seit welchem Jahr oder Jahrzehnt der Imperialismus als »endgültig« herausgebildet gelten kann.

Aber streiten muß man über die Definition des Imperialismus vor allem mit dem führenden marxistischen Theoretiker der Epoche der sogenannten zweiten Internationale, d. h. des Vierteljahrhunderts von 1889−1914, mit K. Kautsky. Gegen die grundlegenden Ideen, die in der von uns gegebenen Definition des Imperialismus zum Ausdruck kommen, wandte sich Kautsky ganz entschieden im Jahre 1915 und sogar schon im September 1914 mit der Erklärung, daß unter Imperialismus nicht eine »Phase« oder Stufe der Wirtschaft, sondern eine Politik, nämlich eine bestimmte, vom Finanzkapital »bevorzugte« Politik zu verstehen sei, daß der Imperialismus nicht mit dem »modernen Kapitalismus« »gleichgesetzt« werden könne, daß, wenn man unter Imperialismus »alle Erscheinungen des modernen Kapitalismus« − Kartelle, Schutzzölle, Finanzherrschaft, Kolonialpolitik − verstehe, die Frage, ob der Imperialismus eine notwendige Folgeerscheinung des Kapitalismus sei, auf die »platteste Tautologie« hinauslaufe, denn dann »ist der Imperialismus natürlich eine Lebensnotwendigkeit für den Kapitalismus« usw. Kautskys Gedankengang läßt sich am genauesten darstellen, wenn wir seine Definition des Imperialismus zitieren, die sich direkt gegen den Kern der von uns entwickelten Ideen richtet (denn die Einwände aus dem Lager der deutschen Marxisten, die jahrelang ähnliche Ideen propagierten, sind Kautsky längst als Einwände einer bestimmten Strömung innerhalb des Marxismus bekannt).

Kautskys Definition lautet:

»Der Imperialismus ist ein Produkt des hochentwickelten industriellen Kapitalismus. Er besteht in dem Drange jeder industriellen kapitalistischen Nation, sich ein immer größeres *agrarisches«* (hervorgehoben von Kautsky) »Gebiet zu unterwerfen und anzugliedern, ohne Rücksicht darauf, von welchen Nationen es bewohnt wird.«[1*]

Diese Definition taugt rein gar nichts, denn sie ist einseitig, d. h., sie greift willkürlich einzig und allein die nationale Frage heraus (die zwar sowohl an sich wie auch in ihrem Verhältnis zum Imperialismus von höchster Wichtigkeit ist), verknüpft diese willkürlich und *unrichtig nur* mit dem Industriekapital in den Ländern, die andere Nationen annektieren, und rückt ebenso willkürlich und unrichtig die Annexion von Agrargebieten in den Vordergrund.

Imperialismus ist Drang nach Annexionen — darauf läuft der *politische* Teil der Kautskyschen Definition hinaus. Er ist richtig, aber höchst unvollständig, denn politisch ist Imperialismus überhaupt Drang nach Gewalt und Reaktion. Uns beschäftigt jedoch hier die *ökonomische* Seite der Frage, die Kautsky *selbst* in *seine* Definition hineingebracht hat. Die Unrichtigkeiten in Kautskys Definition springen in die Augen. Für den Imperialismus ist ja gerade *nicht* das Industrie-, *sondern* das Finanzkapital charakteristisch. Es ist kein Zufall, daß in Frankreich gerade die besonders rasche Entwicklung des *Finanz*kapitals bei gleichzeitiger Schwächung des Industriekapitals seit den achtziger Jahren des vorigen Jahrhunderts eine äußerste Verschärfung der annexionistischen (Kolonial-) Politik hervorgerufen hat. Für den Imperialismus ist gerade das Bestreben charakteristisch, *nicht nur* agrarische Gebiete, sondern sogar höchst entwickelte Industriegebiete zu annektieren (Deutschlands Gelüste auf Belgien, Frankreichs auf Lothringen), denn erstens zwingt die abgeschlossene Aufteilung der Erde, bei einer *Neuaufteilung* die Hand nach *jedem beliebigen* Land auszustrecken, und zweitens ist für den Imperialismus wesentlich der Wettkampf einiger Großmächte in ihrem Streben nach Hegemonie, d. h. nach der Eroberung von

---

[1*] »Die Neue Zeit«, 1914, 2 (32. Jahrg.), vom 11. September 1914, S. 909; vgl. auch 1915, 2, S. 107 ff.

Ländern, nicht so sehr direkt für sich als vielmehr zur Schwächung des Gegners und Untergrabung *seiner* Hegemonie (für Deutschland ist Belgien von besonderer Wichtigkeit als Stützpunkt gegen England; für England Bagdad als Stützpunkt gegen Deutschland usw.).

Kautsky beruft sich besonders – und wiederholt – auf die Engländer, die angeblich die rein politische Bedeutung des Begriffs Imperialismus in seinem, Kautskys, Sinne festgelegt hätten. Nehmen wir den Engländer Hobson; wir lesen in seinem 1902 erschienenen Werk »Imperialismus« folgendes:

»Der neue Imperialismus unterscheidet sich vom alten erstens dadurch, daß er an Stelle der Bestrebungen eines einzigen wachsenden Imperiums die Theorie und Praxis rivalisierender Imperien gesetzt hat, von denen jedes von der gleichen Sucht nach politischer Expansion und kommerziellem Vorteil geleitet wird; zweitens durch die Vorherrschaft der Finanz- bzw. Investitionsinteressen über die Handelsinteressen.«[1]

Wir sehen, daß Kautsky faktisch völlig im Unrecht ist, wenn er sich auf die Engländer im allgemeinen beruft (er könnte sich höchstens auf die vulgären englischen Imperialisten oder direkten Apologeten des Imperialismus berufen). Wir sehen, daß Kautsky, der darauf Anspruch erhebt, nach wie vor den Marxismus zu verteidigen, in Wirklichkeit einen Schritt rückwärts macht im Vergleich zu dem *Sozialliberalen* Hobson, der die beiden »historisch-konkreten« (Kautskys Definition ist geradezu ein Hohn auf die historische Konkretheit!) Besonderheiten des modernen Imperialismus *richtiger* beurteilt: 1. die Konkurrenz *einiger* Imperialismen und 2. das Überwiegen des Finanzmanns über den Kaufmann. Spricht man aber hauptsächlich davon, daß ein Industriestaat ein Agrarland annektiert, so wird damit die überragende Rolle des Kaufmanns hervorgehoben.

Kautskys Definition ist nicht nur unrichtig und unmarxistisch. Sie dient als Begründung für ein ganzes System von Auffassungen, die auf der ganzen Linie sowohl mit der marxistischen

[1] Hobson, »Imperialism«, L. 1902, S. 324.

Theorie als auch mit der marxistischen Praxis brechen, wovon später noch die Rede sein wird. Ganz und gar unernst ist der von Kautsky entfachte Streit um Worte, nämlich ob das jüngste Stadium des Kapitalismus als Imperialismus oder als Stadium des Finanzkapitals anzusprechen sei. Man nenne es, wie man will — darauf kommt es nicht an. Wesentlich ist, daß Kautsky die Politik des Imperialismus von seiner Ökonomik trennt, indem er von Annexionen als der vom Finanzkapital »bevorzugten« Politik spricht und ihr eine angeblich mögliche andere bürgerliche Politik auf derselben Basis des Finanzkapitals entgegenstellt. Es kommt so heraus, als ob die Monopole in der Wirtschaft vereinbar wären mit einem nicht monopolistischen, nicht gewalttätigen, nicht annexionistischen Vorgehen in der Politik. Als ob die territoriale Aufteilung der Welt, die gerade in der Epoche des Finanzkapitals beendet wurde und die die Grundlage für die Eigenart der jetzigen Formen des Wettkampfs zwischen den kapitalistischen Großstaaten bildet, vereinbar wäre mit einer nicht imperialistischen Politik. Das Resultat ist eine Vertuschung, eine Abstumpfung der fundamentalsten Widersprüche des jüngsten Stadiums des Kapitalismus statt einer Enthüllung ihrer Tiefe, das Resultat ist bürgerlicher Reformismus statt Marxismus.

Kautsky polemisiert gegen Cunow, den deutschen Apologeten des Imperialismus und der Annexionen, dessen Gedankengang ebenso plump wie zynisch ist: Der Imperialismus sei der moderne Kapitalismus; die Entwicklung des Kapitalismus sei unvermeidlich und fortschrittlich, folglich sei auch der Imperialismus fortschrittlich, und wir hätten den Imperialismus anzubeten und zu lobpreisen! Das ähnelt ganz dem Zerrbild, das die Volkstümler in den Jahren 1894/1895 den russischen Marxisten entgegenhielten: Wenn die Marxisten den Kapitalismus in Rußland für unvermeidlich und fortschrittlich halten, sollten sie eine Schenke aufmachen und sich damit befassen, den Kapitalismus zu züchten. Kautsky erwidert Cunow: Nein, der Imperialismus ist nicht der moderne Kapitalismus, sondern bloß eine der Formen der Politik des modernen Kapitalismus, und wir können und müssen gegen diese Politik kämpfen, gegen den Imperialismus, gegen die Annexionen usw. kämpfen.

Auf den ersten Blick erscheint dieser Einwand durchaus angängig, aber in Wirklichkeit bedeutet er eine feinere, verhülltere (und darum gefährlichere) Propaganda einer Versöhnung mit dem Imperialismus, denn ein »Kampf« gegen die Politik der Trusts und Banken, der die ökonomischen Grundlagen der Trusts und Banken unangetastet läßt, läuft auf bürgerlichen Reformismus und Pazifismus hinaus, auf harmlose und fromme Wünsche. Sich über die bestehenden Widersprüche hinwegsetzen, die wichtigsten von ihnen vergessen, anstatt die Widersprüche in ihrer ganzen Tiefe aufzudecken – das ist Kautskys Theorie, die mit dem Marxismus nichts gemein hat. Und eine solche »Theorie« dient natürlich nur dazu, die Idee der Einheit mit den Cunow zu verteidigen!

»Vom rein ökonomischen Standpunkt«, schreibt Kautsky, »ist es nicht ausgeschlossen, daß der Kapitalismus noch eine neue Phase erlebt, die Übertragung der Kartellpolitik auf die äußere Politik, eine Phase des Ultraimperialismus[1*], d. h. des Überimperialismus, der Vereinigung der Imperialismen der ganzen Welt, nicht aber ihres Kampfes, eine Phase der Aufhebung der Kriege unter dem Kapitalismus, eine Phase der »gemeinsamen Ausbeutung der Welt durch das international verbündete Finanzkapital«[2*].

Auf diese »Theorie des Ultraimperialismus« werden wir noch zurückkommen, um eingehend zu zeigen, bis zu welchem Grade sie entschieden und unwiderruflich mit dem Marxismus bricht. Hier müssen wir uns entsprechend der ganzen Anlage dieser Studie zunächst die genauen ökonomischen Daten zu dieser Frage ansehen. Ist ein »Ultraimperialismus« vom »rein ökonomischen Standpunkt« möglich, oder ist das ein Ultra-Unsinn?

[1*] »Die Neue Zeit«, 1914, 2 (32. Jahrg.), vom 11. September 1914, S. 921; vgl. auch 1915, 2, S. 107 ff.

[2*] »Die Neue Zeit«, 1915, 2, vom 30. April 1915, S. 144.

Versteht man unter dem rein ökonomischen Standpunkt eine »reine« Abstraktion, so läuft alles, was sich dazu sagen läßt, auf die These hinaus: Die Entwicklung bewegt sich in der Richtung zu Monopolen, also zu einem einzigen Weltmonopol, einem einzigen Welttrust. Das ist unzweifelhaft, aber ebenso nichtssagend wie etwa der Hinweis, daß »die Entwicklung sich in der Richtung« zur Herstellung von Nahrungsmitteln im Laboratorium »bewegt«. In diesem Sinne ist die »Theorie« des Ultraimperialismus ebensolcher Unsinn, wie es eine »Theorie der Ultralandwirtschaft« wäre.

Spricht man dagegen von den »rein ökonomischen« Bedingungen der Epoche des Finanzkapitals als einer historisch-konkreten Epoche, die in den Anfang des 20. Jahrhunderts fällt, so erhalten wir die beste Antwort auf die toten Abstraktionen des »Ultraimperialismus« (die ausschließlich dem erzreaktionären Ziel dienen, die Aufmerksamkeit von der Tiefe der *vorhandenen* Widersprüche abzulenken), wenn wir ihnen die konkrete ökonomische Wirklichkeit der modernen Weltwirtschaft gegenüberstellen. Kautskys leeres Gerede von einem Ultraimperialismus nährt unter anderem den grundfalschen Gedanken, der Wasser auf die Mühle der Apologeten des Imperialismus leitet, daß die Herrschaft des Finanzkapitals die Ungleichmäßigkeiten und die Widersprüche innerhalb der Weltwirtschaft *abschwäche,* während sie in Wirklichkeit diese *verstärkt.*

R. Calwer machte in seiner Schrift »Einführung in die Weltwirtschaft«[1] den Versuch, die wichtigsten rein ökonomischen Daten zusammenzutragen, die eine konkrete Vorstellung von den Wechselbeziehungen innerhalb der Weltwirtschaft um die Wende des 19. und 20. Jahrhunderts ermöglichen. Er teilt die ganze Welt in fünf »wirtschaftliche Hauptgebiete«: 1. das mitteleuropäische (ganz Europa, außer Rußland und England); 2. das britische; 3. das russische; 4. das ostasiatische und 5. das amerikanische, wobei er die Kolonien zu den »Gebieten« derjenigen Staaten zählt, denen sie gehören, und einige wenige,

[1] R. Calwer, »Einführung in die Weltwirtschaft«, Brl. 1906.

keinem Gebiet zugeteilte Länder, z. B. Persien, Afghanistan, Arabien in Asien, Marokko und Abessinien in Afrika usw. »unberücksichtigt« läßt.

Nachstehend in gekürzter Form die von Calwer angeführten ökonomischen Daten über diese Gebiete:

Wirtschaftliche Hauptgebiete der Welt	Fläche (Mill. qkm)	Bevölkerung (Mill.)	Verkehrsmittel Eisenbahnen (1000 km)	Handelsflotte (Mill. Tonnen)	Handel (Einfuhr u. Ausfuhr zusammen) (Milliarden Mark)	Industrie Kohlengewinnung (Mill. Tonnen)	Roheisengewinnung (Mill. Tonnen)	Spindelzahl in der Baumwollindustrie (Mill.)
1. Mitteleuropäisches	27,6	388	204	8	41	251	15	26
1*	(23,6)	(146)						
2. Britisches	28,9	398	140	11	25	249	9	51
1*	(28,6)	(355)						
3. Russisches	22	131	63	1	3	16	3	7
4. Ostasiatisches	12	389	8	1	2	8	0,02	2
5. Amerikanisches	30	148	379	6	14	245	14	19

Wir sehen hier drei Gebiete mit hochentwickeltem Kapitalismus (starke Entwicklung sowohl des Verkehrswesens wie des Handels und der Industrie): das mitteleuropäische, britische und amerikanische; darunter drei weltbeherrschende Staaten: Deutschland, England und die Vereinigten Staaten. Die imperialistische Konkurrenz und der Kampf unter ihnen werden dadurch außerordentlich verschärft, daß Deutschland nur über ein ganz kleines Gebiet und wenig Kolonien verfügt; die Bildung »Mitteleuropas« liegt noch in der Zukunft, und seine Geburt geht in einem erbitterten Kampf vor sich. Einstweilen ist das Kennzeichen von ganz Europa politische Zersplitterung. In dem britischen und dem amerikanischen Gebiet dagegen ist die politische Konzentration sehr groß, aber es besteht ein ungeheures Mißverhältnis zwischen den unermeßlichen Kolo-

1* In Klammern Fläche und Bevölkerung der Kolonien.

nien des britischen und den geringfügigen des amerikanischen Gebiets. In den Kolonien ist der Kapitalismus indes erst im Entstehen begriffen. Der Kampf um Südamerika gewinnt immer mehr an Schärfe.

In zwei Gebieten ist der Kapitalismus schwach entwickelt, im russischen und im ostasiatischen. Im ersten haben wir es mit einer äußerst geringen, im zweiten mit einer außerordentlich hohen Bevölkerungsdichte zu tun; im ersten ist die politische Konzentration groß, im zweiten fehlt sie ganz. China hat man erst zu teilen begonnen, und der Kampf um China zwischen Japan, den Vereinigten Staaten usw. verschärft sich immer mehr.

Man stelle dieser Wirklichkeit — mit der ungeheuren Mannigfaltigkeit ökonomischer und politischer Bedingungen, mit der äußersten Ungleichmäßigkeit im Tempo des Wachstums der verschiedenen Länder usw., mit dem wahnwitzigen Kampf zwischen den imperialistischen Staaten — Kautskys dummes Märchen von einem »friedlichen« Ultraimperialismus gegenüber. Ist das etwa nicht der reaktionäre Versuch eines erschrockenen Kleinbürgers, sich über die grausame Wirklichkeit hinwegzusetzen? Bieten uns die internationalen Kartelle, die Kautsky Keime des »Ultraimperialismus« zu sein scheinen (wie man auch die Erzeugung von Tabletten im Laboratorium als einen Keim der Ultralandwirtschaft ansprechen »kann«), etwa nicht ein Beispiel der Aufteilung *und Neuaufteilung* der Welt, des Übergangs von friedlicher Aufteilung zu nicht friedlicher und umgekehrt? Nimmt das amerikanische und sonstige Finanzkapital, das bisher unter Beteiligung Deutschlands, sagen wir im internationalen Schienenkartell oder in dem internationalen Trust der Handelsschiffahrt, die ganze Welt friedlich aufgeteilt hat, jetzt etwa nicht eine *Neuaufteilung* der Welt auf Grund neuer Kräfteverhältnisse vor, die sich auf ganz und gar *nicht* friedlichem Wege verändert haben?

Das Finanzkapital und die Trusts schwächen die Unterschiede im Tempo des Wachstums der verschiedenen Teile der Weltwirtschaft nicht ab, sondern verstärken sie. Sobald sich aber die Kräfteverhältnisse geändert haben, wie können dann *unter dem Kapitalismus* die Gegensätze anders ausgetragen werden als durch *Gewalt?* Überaus genaue Angaben über das unterschiedliche Wachstumstempo des Kapitalismus und des Finanzkapitals in der gesamten Weltwirtschaft finden wir in der Eisenbahnstatistik.[1] In den letzten Jahrzehnten der imperialistischen Entwicklung veränderte sich die Länge der Schienenwege wie folgt:

	Schienenwege (in 1000 km)		
	1890	1913	+
Europa	224	346	+ 122
Vereinigte Staaten von Amerika	268	411	+ 143
Alle Kolonien	82 ⎫	210 ⎫	+ 128 ⎫
Selbständige und halbselbständige Staaten Asiens und Amerikas	⎬ 125	⎬ 347	⎬ + 222
	43 ⎭	137 ⎭	+ 94 ⎭
Insgesamt	617	1 104	

Am raschesten ging somit die Entwicklung des Eisenbahnnetzes in den Kolonien und den selbständigen (und halbselbständigen) Staaten Asiens und Amerikas vor sich. Bekanntlich schaltet und waltet hier das Finanzkapital der 4–5 größten kapitalistischen Staaten unumschränkt. Zweihunderttausend Kilometer neuer Schienenwege in den Kolonien und in den anderen Ländern Asiens und Amerikas – das bedeutet mehr als 40 Milliarden Mark neuer Kapitalanlage zu besonders günstigen Bedingungen, mit besonderen Garantien der Einträglichkeit, mit profitablen Aufträgen für die Stahlwerke usw. usf.

[1] »Statistisches Jahrbuch für das Deutsche Reich«, 1915; »Archiv für Eisenbahnwesen«, 1892; für 1890 mußten geringfügige Details hinsichtlich der Verteilung der Eisenbahnen auf die Kolonien der verschiedenen Länder annähernd berechnet werden.

Am schnellsten wächst der Kapitalismus in den Kolonien und den überseeischen Ländern. Unter diesen Ländern entstehen *neue* imperialistische Mächte (Japan). Der Kampf der Weltimperialismen verschärft sich. Es wächst der Tribut, den das Finanzkapital von den besonders einträglichen kolonialen und überseeischen Unternehmungen erhebt. Bei der Teilung dieser »Beute« fällt ein außerordentlich großer Bissen Ländern zu, die nach dem Entwicklungstempo der Produktivkräfte nicht immer an der Spitze stehen. Die Länge der Schienenwege betrug in den größten Staaten unter Einschluß ihrer Kolonien:

	(in 1 000 km)		
	1890	1913	
Vereinigte Staaten	268	413	+ 145
Britisches Reich	107	208	+ 101
Rußland	32	78	+ 46
Deutschland	43	68	+ 25
Frankreich	41	63	+ 22
In den fünf Staaten zusammen	491	830	+ 339

Rund 80 % der gesamten Eisenbahnen sind also in den Händen der 5 Großmächte konzentriert. Aber die Konzentration des *Eigentums* an diesen Bahnen, die Konzentration des Finanzkapitals ist noch unvergleichlich größer, denn den englischen und französischen Millionären z. B. gehört ein sehr großer Teil der Aktien und Obligationen der amerikanischen, russischen und anderen Eisenbahnen.

England hat dank seinen Kolonien »sein« Eisenbahnnetz um hunderttausend Kilometer, also viermal mehr als Deutschland, vergrößert. Indessen ging bekanntlich während dieser Zeit die Entwicklung der Produktivkräfte, insbesondere die Entwicklung der Kohlen- und Eisenindustrie, in Deutschland unvergleichlich schneller vor sich als in England, geschweige denn in Frankreich oder Rußland. 1892 produzierte Deutschland 4,9 Millionen Tonnen Roheisen, England dagegen 6,8; aber 1912 waren es schon 17,6 gegen 9,0, d. h. ein gewaltiger Vorsprung gegenüber England![1*] Es fragt sich, welches andere Mittel konnte es *auf dem Boden des Kapitalismus* geben außer dem Krieg, um das Mißverhältnis zwischen der Entwicklung der Produktivkräfte und der Akkumulation des Kapitals einerseits und der Verteilung der Kolonien und der »Einflußsphären« des Finanzkapitals anderseits zu beseitigen?

VIII. Parasitismus und Fäulnis des Kapitalismus

Wir müssen nun noch auf eine sehr wichtige Seite des Imperialismus eingehen, die bei den meisten Betrachtungen über dieses Thema nicht genügend beachtet wird. Einer der Mängel des Marxisten Hilferding ist, daß er hier im Vergleich zu dem Nichtmarxisten Hobson einen Schritt rückwärts getan hat. Wir sprechen von dem Parasitismus, der dem Imperialismus eigen ist.

Wie wir gesehen haben, ist die tiefste ökonomische Grundlage des Imperialismus das Monopol. Dieses Monopol ist ein kapitalistisches, d. h. ein Monopol, das aus dem Kapitalismus erwachsen ist und im allgemeinen Milieu des Kapitalismus, der Warenproduktion, der Konkurrenz, in einem beständigen und unlösbaren Widerspruch zu diesem allgemeinen Milieu steht. Dennoch erzeugt es, wie jedes andere Monopol, unvermeidlich die Tendenz zur Stagnation und Fäulnis. In dem Maße, wie Monopolpreise, sei es auch nur vorübergehend, eingeführt werden, verschwindet bis zu einem gewissen Grade der Antrieb zum technischen und folglich auch zu jedem anderen Fortschritt, zur Vorwärtsbewegung; und insofern entsteht die *ökonomische* Möglichkeit, den technischen Fortschritt künstlich aufzuhalten. Ein Beispiel: In Amerika hat ein gewisser Owens eine Flaschenmaschine erfunden, die eine Revolution

[1*] Vgl. auch Edgar Crammond, »The Economic Relations of the British and German Empires« im »Journal of the Royal Statistical Society« [»Die Wirtschaftsbeziehungen zwischen dem Britischen und dem Deutschen Reich« im »Journal der Königl. Statistischen Gesellschaft«], Juli 1914, S. 777 ff.

in der Flaschenherstellung herbeiführt. Das deutsche Kartell der Flaschenfabrikanten kauft Owens' Patente auf und legt sie in das unterste Schubfach, um ihre Auswertung zu verhindern. Gewiß kann das Monopol unter dem Kapitalismus die Konkurrenz auf dem Weltmarkt niemals restlos und auf sehr lange Zeit ausschalten (das ist übrigens einer der Gründe, warum die Theorie des Ultraimperialismus unsinnig ist). Die Möglichkeit, durch technische Verbesserungen die Produktionskosten herabzumindern und die Profite zu erhöhen, begünstigt natürlich Neuerungen. Aber die *Tendenz* zur Stagnation und Fäulnis, die dem Monopol eigen ist, wirkt nach wie vor und gewinnt in einzelnen Industriezweigen, in einzelnen Ländern für gewisse Zeitspannen die Oberhand.

Das Monopol der Beherrschung besonders ausgedehnter, reicher oder günstig gelegener Kolonien wirkt in derselben Richtung.

Weiter. Der Imperialismus bedeutet eine ungeheure Anhäufung von Geldkapital in wenigen Ländern, das, wie wir gesehen haben, 100 bis 150 Milliarden Francs in Wertpapieren erreicht. Daraus ergibt sich das außergewöhnliche Anwachsen der Klasse oder, richtiger, der Schicht der Rentner, d. h. Personen, die vom »Kuponschneiden« leben, Personen, die von der Beteiligung an irgendeinem Unternehmen völlig losgelöst sind, Personen, deren Beruf der Müßiggang ist. Die Kapitalausfuhr, eine der wesentlichsten ökonomischen Grundlagen des Imperialismus, verstärkt diese völlige Isolierung der Rentnerschicht von der Produktion noch mehr und drückt dem ganzen Land, das von der Ausbeutung der Arbeit einiger überseeischer Länder und Kolonien lebt, den Stempel des Parasitismus auf.

»Im Jahre 1893«, schrieb Hobson, »betrug das im Ausland investierte britische Kapital ca. 15 Prozent des gesamten Reichtums des Vereinigten Königreichs.«[1] Es sei daran erinnert, daß bis 1915 dieses Kapital ungefähr auf das Zweieinhalbfache gestiegen war. »Der aggressive Imperialismus«,

[1] Hobson, S. 59, 62.

lesen wir weiter bei Hobson, »der den Steuerzahlern so teuer zu stehen kommt und für den Industriellen und den Kaufmann so wenig Wert hat, ... bildet die Quelle großer Profite für den Kapitalisten, der Anlagemöglichkeiten für sein Kapital sucht« (im Englischen wird dieser Begriff mit dem einen Wort »investor« – »Kapitalanleger«, Rentner – ausgedrückt) ...»Die Jahreseinnahme Großbritanniens aus seinem gesamten Außen- und Kolonialhandel, aus Einfuhr und Ausfuhr, wird von dem Statistiker Giffen für das Jahr 1899 auf 18 Mill. £« (ca. 170 Mill. Rubel) »geschätzt, wobei er sie mit $2^{1}/_{2}$ % des Gesamtumsatzes von 800 Mill. £ annimmt.« So groß diese Summe auch ist, vermag sie doch nicht den aggressiven Imperialismus Großbritanniens zu erklären. Dieser findet seine Erklärung vielmehr in den 90–100 Mill. Pfund Sterling, die die Einnahmen von »investiertem« Kapital, die Einnahmen der Rentnerschicht darstellen.

Die Einnahmen der Rentner sind also im »handelstüchtigsten« Lande der Welt *fünfmal so groß* wie die Einnahmen aus dem Außenhandel! Das ist das Wesen des Imperialismus und des imperialistischen Parasitismus.

Der Begriff »Rentnerstaat« oder Wucherstaat wird daher in der ökonomischen Literatur über den Imperialismus allgemein gebräuchlich. Die Welt ist in ein Häuflein Wucherstaaten und in eine ungeheure Mehrheit von Schuldnerstaaten gespalten. »Unter den ausländischen Anlagen aber«, schreibt Schulze-Gaevernitz, »stehen diejenigen voran, welche politisch abhängigen oder nächstverbündeten Ländern zuteil werden: England borgt an Ägypten, Japan, China, Südamerika. Seine Kriegsflotte ist hier im Notfall der Gerichtsvollzieher. Politische Macht schützt England gegen die Schuldnerempörung.«[1] Sartorius von Waltershausen stellt in seinem Werk »Das volkswirtschaftliche System der Kapitalanlage im Auslande« Holland als das Muster eines »Rentnerstaates« hin und verweist darauf, daß England und Frankreich im Begriff sind, es zu werden.[2] Schilder meint, daß fünf Industriestaaten – Groß-

[1] Schulze-Gaevernitz, »Br. Imp.«, S. 320 u. a.

[2] Sart. von Waltershausen, »D. volkswirt. Syst. etc.«, Brl. 1907, Buch IV.

britannien, Frankreich, Deutschland, Belgien und die Schweiz
– »ausgesprochene Gläubigerländer« sind. Holland zählt er nur
deshalb nicht dazu, weil dieses Land »industriell weniger entwickelt«[1*] sei. Die Vereinigten Staaten seien nur in bezug auf
Amerika ein Gläubigerland.

»England«, schreibt Schulze-Gaevernitz, »wächst aus dem
Industriestaat allmählich in den Gläubigerstaat. Trotz absoluter
Zunahme der industriellen Produktion, auch der industriellen
Ausfuhr, steigt die relative Bedeutung der Zins- und Di-
videndenbezüge, der Emissions-, Kommissions- und Spekula-
tionsgewinne für die Gesamtvolkswirtschaft. Es ist diese
Tatsache meiner Meinung nach die wirtschaftliche Grundlage
des imperialistischen Aufschwungs. Der Gläubiger hängt mit
dem Schuldner dauernder zusammen als der Verkäufer mit
dem Käufer.«[2*] Über Deutschland schrieb 1911 A. Lansburgh,
der Herausgeber der Berliner Zeitschrift »Die Bank«, in dem
Artikel »Der deutsche Rentnerstaat«: »Man spottet in Deutschland gern über den Hang zum Rentnertum, der bei der französischen Bevölkerung zu finden ist, und vergißt dabei, daß,
soweit der Mittelstand in Betracht kommt, die deutschen
Verhältnisse den französischen immer ähnlicher werden.«[3*]

Der Rentnerstaat ist der Staat des parasitären, verfaulenden
Kapitalismus, und dieser Umstand muß sich unbedingt in allen
sozialpolitischen Verhältnissen der betreffenden Länder im
allgemeinen wie auch in den zwei Hauptströmungen der
Arbeiterbewegung im besonderen widerspiegeln. Um das
möglichst anschaulich zu zeigen, überlassen wir Hobson das
Wort, der als Zeuge am »zuverlässigsten« ist, da man ihn unmöglich der Voreingenommenheit für »marxistische Ortho-
doxie« verdächtigen kann; anderseits ist er Engländer und
kennt gut die Verhältnisse in dem an Kolonien wie an Finanzkapital und imperialistischer Erfahrung reichsten Lande.

Unter dem frischen Eindruck des Burenkrieges schilderte

1* Schilder, S. 393.
2* Schulze-Gaevernitz, »Br. Imp.«, S. 122.
3* »Die Bank«, 1911, 1, S. 10/11.

Hobson den Zusammenhang des Imperialismus mit den Interessen der »Finanziers«, deren wachsende Profite bei Aufträgen, Lieferungen usw., und schrieb: »Wenn es auch die Kapitalisten sind, die diese ausgesprochen parasitäre Politik lenken, so üben doch dieselben Motive auf gewisse Arbeiterkategorien ihre Wirkung aus. In vielen Städten sind die wichtigsten Industriezweige von Regierungsaufträgen abhängig: der Imperialismus der Zentren der Hütten- und Schiffbauindustrie ist in nicht geringem Maße dieser Tatsache zuzuschreiben.« Zweierlei Umstände führten nach Hobsons Meinung zur Schwächung der alten Imperien: 1. »ökonomischer Parasitismus« und 2. Zusammensetzung des Heeres aus Angehörigen abhängiger Völker. »Der erste ist die Gepflogenheit des ökonomischen Parasitismus, die darin besteht, daß der herrschende Staat seine Provinzen, Kolonien und die abhängigen Länder ausnutzt, um seine herrschende Klasse zu bereichern und die Fügsamkeit seiner unteren Klassen durch Bestechung zu erkaufen.« Die Voraussetzung für die ökonomische Möglichkeit einer solchen Bestechung, einerlei in welcher Form sie geschieht, ist – fügen wir von uns aus hinzu – monopolistisch hoher Profit.

Über den zweiten Umstand schreibt Hobson: »Zu den seltsamsten Symptomen der Blindheit des Imperialismus gehört die Sorglosigkeit, mit der Großbritannien, Frankreich und andere imperialistische Nationen diesen Weg beschreiten. Großbritannien ist am weitesten gegangen. Die meisten Schlachten, durch die wir unser indisches Reich erobert haben, sind von unseren Eingeborenenarmeen ausgefochten worden; in Indien, und in letzter Zeit auch in Ägypten, sind große stehende Heere dem Kommando von Briten unterstellt; fast alle Kriege, die mit unseren afrikanischen Besitzungen – mit Ausnahme der südlichen – zusammenhängen, wurden von Eingeborenen für uns geführt.«

Die Perspektive der Aufteilung Chinas veranlaßt Hobson zu folgender ökonomischer Einschätzung: »Der größte Teil Westeuropas könnte dann das Aussehen und den Charakter annehmen, die einige Gegenden in Süd-England, an der Riviera sowie in den von Touristen am meisten besuchten und von den reichen Leuten bewohnten Teilen Italiens und der Schweiz – bereits haben: ein Häuflein reicher Aristokraten, die Dividenden und Pensionen aus dem Fernen Osten beziehen, mit einer etwas größeren Gruppe von Angestellten und Händlern und einer noch größeren Anzahl von Dienstboten und Arbeitern im Transportgewerbe und in den letzten Stadien der Produktion leicht verderblicher Waren; die wichtigsten Industrien wären verschwunden, die Lebensmittel und Industriefabrikate für den Massenkonsum würden als Tribut aus Asien und Afrika kommen.« »Wir haben die Möglichkeit einer noch umfassenderen Vereinigung der westlichen Länder angedeutet, eine europäische Föderation der Großmächte, die, weit entfernt, die Sache der Weltzivilisation voranzubringen, die ungeheure Gefahr eines westlichen Parasitismus heraufbeschwören könnte: eine Gruppe fortgeschrittener Industrienationen, deren obere Klassen aus Asien und Afrika gewaltige Tribute beziehen und mit Hilfe dieser Tribute große Massen gefügigen Personals unterhalten, die nicht mehr in der Produktion von landwirtschaftlichen und industriellen Massenerzeugnissen, sondern mit persönlichen Dienstleistungen oder untergeordneter Industriearbeit unter der Kontrolle einer neuen Finanzaristokratie beschäftigt werden. Mögen diejenigen, die eine solche Theorie« (es müßte heißen: Perspektive) »als nicht der Erwägung wert verächtlich abtun, die heutigen wirtschaftlichen und sozialen Verhältnisse in jenen Bezirken Südenglands untersuchen, die schon jetzt in eine solche Lage versetzt sind, und mögen sie darüber nachdenken, welch gewaltiges Ausmaß ein derartiges System annehmen würde, wenn China der ökonomischen Herrschaft ähnlicher Gruppen von Finanziers, Investoren, von Beamten in Staat und Wirtschaft unterworfen würde, die das größte potentielle Profitreservoir, das die Welt je gekannt hat, ausschöpfen würden, um diesen Profit in Europa zu verzehren. Die Situation ist viel zu kompliziert, das Spiel der Weltkräfte viel zu unberechenbar, als daß diese oder irgendeine andere Zukunftsdeutung als einzige mit

Sicherheit zutreffen müßte. Aber die Einflüsse, die den Imperialismus Westeuropas gegenwärtig beherrschen, bewegen sich in dieser Richtung, und wenn ihnen nicht Widerstand geleistet wird oder sie nicht in eine andere Richtung gedrängt werden, dann bewegen sie sich auf dieses Ziel zu.«[1]

Der Verfasser hat vollkommen recht. *Würden* die Kräfte des Imperialismus nicht auf Widerstand stoßen, so würden sie eben dahin führen. Die Bedeutung der »Vereinigten Staaten von Europa« in der heutigen, imperialistischen Situation ist hier richtig bewertet. Man müßte nur hinzufügen, daß *auch innerhalb* der Arbeiterbewegung die Opportunisten, die heutzutage in den meisten Ländern vorübergehend gesiegt haben, sich systematisch und beharrlich gerade auf dieses Ziel »zubewegen«. Der Imperialismus, der die Aufteilung der Welt und die Ausbeutung nicht allein Chinas bedeutet, der monopolistisch hohe Profite für eine Handvoll der reichsten Länder bedeutet, schafft die ökonomische Möglichkeit zur Bestechung der Oberschichten des Proletariats und nährt, formt und festigt dadurch den Opportunismus. Nur darf man die dem Imperialismus im allgemeinen und dem Opportunismus im besonderen entgegenwirkenden Kräfte nicht vergessen, die der Sozialliberale Hobson natürlich nicht sieht.

Der deutsche Opportunist Gerhard Hildebrand, der seinerzeit wegen seiner Verteidigung des Imperialismus aus der Partei ausgeschlossen wurde, heute aber wohl ein Führer der sogenannten »sozialdemokratischen« Partei Deutschlands sein könnte, ergänzt Hobson ausgezeichnet, indem er die »Vereinigten Staaten von Westeuropa« (ohne Rußland) propagiert, und zwar zum »Zusammenwirken« gegen . . . die Neger Afrikas, gegen eine »islamitische Bewegung großen Stils«, zur »Bildung einer Heeres- und Flottenmacht allererstenf Ranges«, gegen eine »chinesisch-japanische Koalition« u. a. m.[2]

Die Schilderung, die uns Schulze-Gaevernitz vom »britischen

[1] Hobson, S. 103, 205, 144, 335, 386.
[2] Gerhard Hildebrand, »Die Erschütterung der Industrieherrschaft und des Industriesozialismus«, 1910, S. 229 ff.

Imperialismus« gibt, deckt dieselben Merkmale des Parasitismus auf. Während sich in den Jahren 1865 bis 1898 das britische Volkseinkommen etwa verdoppelt hat, hat sich das Einkommen »vom Auslande« in dieser Zeitspanne *verneunfacht*. Wenn zu den »Verdiensten« des Imperialismus »die Erziehung der Farbigen zur Arbeit« gerechnet wird (ohne Zwang gehe es dabei nicht...), so besteht die »Gefahr« des Imperialismus darin, daß Europa »die Arbeit überhaupt – zunächst die landwirtschaftliche und montane, sodann auch die gröbere industrielle Arbeit – auf die farbige Menschheit abschiebt und sich selbst in die Rentnerrolle zurückzieht, womit es vielleicht die wirtschaftliche und ihr folgend die politische Emanzipation der farbigen Rassen vorbereitet«.

Immer mehr Land wird in England der Landwirtschaft entzogen und für Sport und Amüsement der Reichen verwendet. Von Schottland, diesem aristokratischsten Jagd- und Sportplatz der Welt, wird gesagt, daß es »von seiner Vergangenheit und Herrn Carnegie« (dem amerikanischen Milliardär) »lebt«. Allein für Pferderennen und Fuchsjagden gibt England jährlich 14 Millionen Pfund Sterling (etwa 130 Mill. Rubel) aus. Die Zahl der Rentner beläuft sich in England auf rund eine Million. Der Prozentsatz der produzierenden Bevölkerung geht zurück:

	Bevölkerung von England (Millionen)	Arbeiter in den Hauptindustrien	In % der Bevölkerung
1851	17,9	4,1	23 %
1901	32,5	4,9	15 %

Nun ist der bürgerliche Erforscher des »britischen Imperialismus zu Beginn des 20. Jahrhunderts« gezwungen, wenn er von der englischen Arbeiterklasse spricht, systematisch einen Unterschied zu machen zwischen der *»Oberschicht«* der Arbeiter und der *»eigentlich proletarischen Unterschicht«*. Die Oberschicht liefert die Mitgliedermasse der Genossenschaften und Gewerkschaften, der Sportvereine und der zahllosen religiösen Sekten. Ihrem Niveau ist auch das Wahlrecht angepaßt, das in England »immer noch *beschränkt genug ist, um die eigentlich proletarische Unterschicht fernzuhalten*«!! Um die Lage der englischen Arbeiterklasse zu beschönigen, pflegt man nur von dieser Oberschicht zu sprechen, die die *Minderheit* des Proletariats ausmacht: bei der Arbeitslosigkeit z. B. »handelt es sich überwiegend um eine Frage Londons und der proletarischen Unterschicht, *welche politisch wenig in das Gewicht fällt*«...[1] Es hätte heißen müssen: welche für die bürgerlichen Politikaster und die »sozialistischen« Opportunisten wenig ins Gewicht fällt.

Zu den mit dem geschilderten Erscheinungskomplex verknüpften Besonderheiten des Imperialismus gehört die abnehmende Auswanderung aus den imperialistischen Ländern und die zunehmende Einwanderung (Zustrom von Arbeitern und Übersiedlung) in diese Länder aus rückständigeren Ländern mit niedrigeren Arbeitslöhnen. Die Auswanderung aus England sinkt, wie Hobson feststellt, seit 1884: Sie betrug in jenem Jahr 242 000 und 169 000 im Jahre 1900. Die Auswanderung aus Deutschland erreichte ihren Höhepunkt im Jahrzehnt 1881–1890, nämlich 1 453 000, und sank in den zwei folgenden Jahrzehnten auf 544 000 bzw. 341 000. Dafür stieg die Zahl der Arbeiter, die aus Österreich, Italien, Rußland usw. nach Deutschland kamen. Nach der Volkszählung vom Jahre 1907 gab es in Deutschland 1 342 294 Ausländer, davon 440 800 Industriearbeiter und 257 329 Landarbeiter.[2] In Frankreich sind die Arbeiter im Bergbau »zum großen Teil« Ausländer: Polen, Italiener und Spanier.[3] In den Vereinigten Staaten nehmen die Einwanderer aus Ost- und Südeuropa die am schlechtesten bezahlten Stellen ein, während die amerikanischen Arbeiter den größten Prozentsatz der Aufseher und der bestbezahlten Arbeiter stellen.[4] Der Imperialismus hat die

[1] Schulze-Gaevernitz, »Br. Imp.«, S. 301.

[2] »Statistik des Deutschen Reichs«, Bd. 211.

[3] Henger, »Die Kapitalsanlage der Franzosen«, Stuttg. 1913.

[4] Hourwich, »Immigration and Labor« [Einwanderung und Arbeit], N. Y. 1913.

Tendenz, auch unter den Arbeitern privilegierte Kategorien auszusondern und sie von der großen Masse des Proletariats abzuspalten.

Es muß bemerkt werden, daß in England die Tendenz des Imperialismus, die Arbeiter zu spalten, den Opportunismus unter ihnen zu stärken und eine zeitweilige Fäulnis der Arbeiterbewegung hervorzurufen, viel früher zum Vorschein kam als Ende des 19. und Anfang des 20. Jahrhunderts. Denn zwei der wichtigsten Merkmale des Imperialismus − riesiger Kolonialbesitz und Monopolstellung auf dem Weltmarkt − traten in England schon seit Mitte des 19. Jahrhunderts hervor. Marx und Engels verfolgten jahrzehntelang systematisch diesen Zusammenhang des Opportunismus in der Arbeiterbewegung mit den imperialistischen Besonderheiten des englischen Kapitalismus. Engels schrieb z. B. am 7. Oktober 1858 an Marx, »...daß das englische Proletariat faktisch mehr und mehr verbürgert, so daß diese bürgerlichste aller Nationen es schließlich dahin bringen zu wollen scheint, eine bürgerliche Aristokratie und ein bürgerliches Proletariat *neben* der Bourgeoisie zu besitzen. Bei einer Nation, die die ganze Welt exploitiert, ist das allerdings gewissermaßen gerechtfertigt.«[19] Fast ein Vierteljahrhundert später, in seinem Brief vom 11. August 1881, spricht er von Gewerkschaften, »welche nur mit jenen schlechtesten englischen vergleichbar sind, die es zulassen, sich von an die Bourgeoisie verkauften oder zumindest von ihr bezahlten Leuten führen zu lassen«[20]. Und in einem Brief an Kautsky vom 12. September 1882 schreibt Engels: »Sie fragen mich, was die englischen Arbeiter von der Kolonialpolitik denken? Nun, genau dasselbe, was sie von der Politik überhaupt denken... Es gibt hier ja keine Arbeiterpartei, es gibt nur Konservative und Liberal-Radikale, und die Arbeiter zehren flott mit von dem Weltmarkts- und Kolonialmonopol Englands.«[1*] (Dasselbe sagt Engels auch im Vorwort zur

---

[1*] Briefwechsel von Marx und Engels, Bd. II, S. 290; IV, 433.[21] − K. Kautsky, »Sozialismus und Kolonialpolitik«, Brl. 1907, S. 79; diese Broschüre schrieb Kautsky in jenen unendlich fernen Zeiten, als er noch Marxist war.

zweiten Auflage der »Lage der arbeitenden Klasse in England«, 1892.)

Hier sind die Ursachen und Wirkungen deutlich aufgezeigt. Ursachen: 1. Ausbeutung der ganzen Welt durch das betreffende Land; 2. seine Monopolstellung auf dem Weltmarkt; 3. sein Kolonialmonopol. Wirkungen: 1. Verbürgerung eines Teils des englischen Proletariats; 2. ein Teil des Proletariats läßt sich von Leuten führen, die von der Bourgeoisie gekauft sind oder zumindest von ihr bezahlt werden. Der Imperialismus zu Beginn des 20. Jahrhunderts hat die Aufteilung der Welt unter einige wenige Staaten zu Ende geführt, von denen jeder gegenwärtig einen nicht viel kleineren Teil der »ganzen Welt« ausbeutet (im Sinne der Gewinnung von Extraprofit) als England im Jahre 1858; jeder nimmt eine Monopolstellung auf dem Weltmarkt ein dank den Trusts, den Kartellen, dem Finanzkapital und dem Verhältnis des Gläubigers zum Schuldner; jeder besitzt bis zu einem gewissen Grade ein Kolonialmonopol (wir sahen, daß von den 75 Mill. Quadratkilometern *aller* Kolonien der Welt *65* Mill., d. h. 86%, in den Händen von sechs Mächten konzentriert sind; *61* Mill., d. h. 81%, sind in den Händen von 3 Mächten konzentriert).

Das Merkmal der heutigen Lage besteht in ökonomischen und politischen Bedingungen, die zwangsläufig die Unversöhnlichkeit des Opportunismus mit den allgemeinen und grundlegenden Interessen der Arbeiterbewegung verstärken mußten: Der Imperialismus hat sich aus Ansätzen zum herrschenden System entwickelt; die kapitalistischen Monopole haben in der Volkswirtschaft und in der Politik den ersten Platz eingenommen; die Aufteilung der Welt ist beendet; und anderseits sehen wir an Stelle des ungeteilten englischen Monopols den Kampf einer kleinen Anzahl imperialistischer Mächte um die Beteiligung am Monopol, der den ganzen Beginn des 20. Jahrhunderts kennzeichnet. Der Opportunismus kann jetzt nicht mehr in der Arbeiterbewegung irgendeines Landes auf eine lange Reihe von Jahrzehnten hinaus völlig Sieger bleiben, so wie er in der zweiten Hälfte des 19. Jahrhunderts in England gesiegt hatte; in einer Reihe von Ländern ist der Opportunismus vielmehr reif, überreif geworden und in Fäulnis übergegangen, da er sich als Sozialchauvinismus mit der bürgerlichen Politik restlos verschmolzen hat.[1*]

IX. Kritik des Imperialismus

Die Kritik des Imperialismus fassen wir im weiten Sinne des Wortes als die Stellung auf, die die verschiedenen Gesellschaftsklassen in Verbindung mit ihrer allgemeinen Ideologie zur Politik des Imperialismus einnehmen.

Einerseits die gigantischen Ausmaße des in wenigen Händen konzentrierten Finanzkapitals, das sich ein außergewöhnlich weitverzweigtes und dichtes Netz von Beziehungen und Verbindungen schafft, durch das es sich die Masse nicht nur der mittleren und kleinen, sondern selbst der kleinsten Kapitalisten und Unternehmer unterwirft; anderseits der verschärfte Kampf mit den anderen nationalstaatlichen Finanzgruppen um die Aufteilung der Welt und um die Herrschaft über andere Länder – all dies führt zum geschlossenen Übergang aller besitzenden Klassen auf die Seite des Imperialismus. »Allgemeine« Begeisterung für seine Perspektiven, wütende Verteidigung des Imperialismus, seine Beschönigung in jeder nur möglichen Weise – das ist das Zeichen der Zeit. Die imperialistische Ideologie dringt auch in die Arbeiterklasse ein. Diese ist nicht durch eine chinesische Mauer von den anderen Klassen getrennt. Wenn die Führer der heutigen sogenannten »sozialdemokratischen« Partei Deutschlands mit Recht »Sozialimperialisten« genannt werden, d. h. Sozialisten in Worten, Imperialisten in der Tat, so hat Hobson bereits 1902 in England das Vorhandensein von »Fabier-Imperialisten« festgestellt,

---

[1*] Der russische Sozialchauvinismus der Herren Potressow, Tschchenkeli, Maslow usw. sowohl in seiner offenen Gestalt wie in der verkappten (der Herren Tschcheïdse, Skobelew, Axelrod, Martow usw.) ist ebenfalls aus der russischen Abart des Opportunismus, nämlich dem Liquidatorentum, hervorgegangen.

die der opportunistischen »Gesellschaft der Fabier«[22] angehören.

Bürgerliche Gelehrte und Publizisten treten als Verteidiger des Imperialismus gewöhnlich in etwas verkappter Form auf, indem sie die völlige Herrschaft des Imperialismus und seine tiefen Wurzeln vertuschen, dafür aber Einzelheiten und neben-sächliche Details in den Vordergrund zu rücken versuchen, um durch ganz unernste »Reform«projekte von der Art einer Po-lizeiaufsicht über die Trusts oder Banken u. a. die Aufmerksam-keit vom Wesentlichen abzulenken. Seltener treten zynische, offene Imperialisten auf, die den Mut haben, auszusprechen, wie unsinnig es ist, die Grundeigenschaften des Imperialismus reformieren zu wollen.

Wir wollen ein Beispiel anführen. Im »Weltwirtschaftlichen Archiv« befleißigen sich die deutschen Imperialisten, die na-tionalen Befreiungsbewegungen in den Kolonien, besonders natürlich in den nichtdeutschen, zu verfolgen. Sie registrieren eine Gärung und Proteste in Indien, eine Bewegung in Natal (Südafrika), in Niederländisch-Indien usw. In der Besprechung eines englischen Berichts über die vom 28. bis 30. Juni 1910 abgehaltene Konferenz unterworfener Nationen und Rassen, an der Vertreter verschiedener unter Fremdherrschaft stehen-der Völker Asiens, Afrikas und Europas teilnahmen, schreibt einer dieser Imperialisten in Einschätzung der auf der Kon-ferenz gehaltenen Reden: »Der Imperialismus, so heißt es, soll bekämpft werden; die herrschenden Staaten sollen das Recht der unterworfenen Völker auf Selbstregierung anerkennen, und ein internationaler Gerichtshof soll die Handhabung der zwischen den Großmächten und den schwächeren Völkern geschlossenen Verträge überwachen. Über diese frommen Wünsche kommt man nicht hinaus. Von der Einsicht, daß der Imperialismus mit dem Kapitalismus in seiner heutigen Gestalt unzertrennlich verbunden ist, bemerken wir keine Spur und darum (!!) ebensowenig von der Einsicht, daß eine direkte Be-kämpfung des Imperialismus aussichtslos ist, es sei denn, daß man sich darauf beschränkt, gegen einige besonders häßliche

Exzesse aufzutreten.«[1*] Weil eine Verbesserung der Grundlagen des Imperialismus durch Reformen ein Betrug, ein »frommer Wunsch« ist, weil die bürgerlichen Vertreter der unterdrückten Nationen nicht »darüber hinaus« kommen, darum geht der bürgerliche Vertreter der unterdrückenden Nation nach *rückwärts* »darüber hinaus«, nämlich bis zur Liebedienerei vor dem Imperialismus, die mit Ansprüchen auf »Wissenschaftlichkeit« verbrämt wird. Auch eine »Logik«!

Die Fragen, ob eine Änderung der Grundlagen des Imperialismus durch Reformen möglich sei, ob man vorwärts gehen solle, zur weiteren Verschärfung und Vertiefung der durch ihn erzeugten Widersprüche, oder rückwärts, zu deren Abstumpfung, das sind Kernfragen der Kritik des Imperialismus. Da zu den politischen Besonderheiten des Imperialismus die Reaktion auf der ganzen Linie sowie die Verstärkung der nationalen Unterdrückung in Verbindung mit dem Druck der Finanzoligarchie und mit der Beseitigung der freien Konkurrenz gehören, so tritt mit Beginn des 20. Jahrhunderts in fast allen imperialistischen Ländern eine kleinbürgerlich-demokratische Opposition gegen den Imperialismus auf. Und der Bruch Kautskys und der weitverbreiteten internationalen Strömungen des Kautskyanertums mit dem Marxismus besteht gerade darin, daß Kautsky es nicht nur unterlassen, es nicht verstanden hat, dieser kleinbürgerlichen, reformistischen, ökonomisch von Grund aus reaktionären Opposition entgegenzutreten, sondern sich im Gegenteil praktisch mit ihr vereinigt hat.

In den Vereinigten Staaten hat der imperialistische Krieg gegen Spanien im Jahre 1898 die Opposition der »Antiimperialisten« hervorgerufen; diese letzten Mohikaner der bürgerlichen Demokratie, die diesen Krieg ein »Verbrechen« nannten, hielten die Annexion fremder Länder für einen Verfassungsbruch, erklärten die Behandlung des Eingeborenenführers auf den Philippinen, Aguinaldo, für einen »chauvinistischen Betrug« (man hatte ihm erst die Freiheit seines Landes versprochen, dann aber amerikanische Truppen landen lassen und die

[1*] »Weltwirtschaftliches Archiv«, Bd. II, S. 193 ff.

Philippinen annektiert) und zitierten Lincolns Ausspruch: »Wenn der Weiße sich selbst regiert, so ist das Selbstverwaltung; wenn er aber sich selbst und zugleich noch andere regiert, so ist das nicht mehr Selbstverwaltung, es ist Despotie.«[1*] Aber solange diese ganze Kritik davor zurückscheute, die unzertrennliche Verbindung des Imperialismus mit den Trusts und folglich auch mit den Grundlagen des Kapitalismus zuzugeben, solange sie Angst hatte, sich den Kräften, die durch den Großkapitalismus und seine Entwicklung erzeugt werden, anzuschließen, solange blieb diese Kritik ein »frommer Wunsch«.

Von derselben Art ist die Grundeinstellung Hobsons in seiner Kritik des Imperialismus. Hobson nahm Kautsky vorweg, indem er sich gegen die »Unvermeidlichkeit des Imperialismus« wandte und sich auf die Notwendigkeit berief, »die Konsumtionsfähigkeit der Bevölkerung zu heben« (unter dem Kapitalismus!). Auf dem kleinbürgerlichen Standpunkt in der Kritik des Imperialismus, der Allmacht der Banken, der Finanzoligarchie usw. stehen auch die von uns mehrfach zitierten Agahd, A. Lansburgh, L. Eschwege und von den französischen Autoren Victor Bérard, der Verfasser eines oberflächlichen Buches: »England und der Imperialismus«, das 1900 erschienen ist. Sie alle, die durchaus nicht den Anspruch erheben, Marxisten zu sein, stellen dem Imperialismus die freie Konkurrenz und die Demokratie entgegen, verurteilen das Abenteuer der Bagdadbahn, das zu Konflikten und zum Krieg führe, äußern »fromme Wünsche« nach Frieden usw. – bis hinauf zu dem Statistiker der internationalen Emissionen, A. Neymarck, der 1912 die Hunderte von Milliarden Francs »internationaler« Werte berechnete und ausrief: »Ist es denkbar, daß der Frieden gebrochen werden könnte? ... daß man bei diesen ungeheuren Zahlen riskieren würde, einen Krieg zu beginnen?«[2*]

Bei bürgerlichen Ökonomen ist eine derartige Naivität nicht

[1*] J. Patouillet, »L'impérialisme américain« [Der amerikanische Imperialismus], Dijon 1904, S. 272.
[2*] »Bulletin de l'Institut international de Statistique«, t. XIX, livr. II, p. 225 [Bulletin des Internationalen Statistischen Instituts, Bd. XIX, II. Folge, S. 225].

verwunderlich; für sie ist es überdies auch *vorteilhaft,* so naiv zu tun und »im Ernst« von Frieden unter dem Imperialismus zu reden. Was ist aber bei Kautsky vom Marxismus übriggeblieben, wenn er sich in den Jahren 1914, 1915, 1916 auf denselben bürgerlich-reformistischen Standpunkt stellt und behauptet, »alle« (Imperialisten, Quasisozialisten und Sozialpazifisten) seien sich in der Frage des Friedens »einig«? Statt einer Analyse und Aufdeckung der tiefen Widersprüche des Imperialismus sehen wir nichts als den reformerischen »frommen Wunsch«, sie mit einer Handbewegung abzutun, sich mit Worten über sie hinwegzusetzen.

Hier ein Musterbeispiel von Kautskys ökonomischer Kritik des Imperialismus. Er nimmt die Daten über Englands Ein- und Ausfuhrhandel mit Ägypten für die Jahre 1872 und 1912; es stellt sich heraus, daß diese Ein- und Ausfuhr langsamer wuchs als die gesamte Ein- und Ausfuhr Englands. Und Kautsky folgert daraus: »Wir haben keine Ursache, anzunehmen, daß er« (der Handel Englands mit Ägypten) »ohne die militärische Besetzung Ägyptens durch das bloße Gewicht der ökonomischen Faktoren weniger gewachsen wäre.« »Diese Ausdehnungsbestrebungen« (des Kapitals) »werden am besten nicht durch die gewalttätigen Methoden des Imperialismus, sondern durch die friedliche Demokratie gefördert.«[1]

Diese Betrachtungen Kautskys, die ihm sein russischer Schildknappe (und russischer Beschützer der Sozialchauvinisten), Herr Spectator, in hundertfältigen Variationen nachplappert, bilden die Grundlage der Kautskyschen Kritik des Imperialismus, und deshalb müssen wir ausführlich darauf eingehen. Wir beginnen mit einem Zitat aus Hilferding, dessen Schlußfolgerungen Kautsky mehrfach, auch im April 1915, als »von den sozialistischen Theoretikern einhellig akzeptiert« erklärte.

»Es ist nicht Sache des Proletariats«, schreibt Hilferding, »der fortgeschritteneren kapitalistischen Politik gegenüber die über-

---

[1] Kautsky, »Nationalstaat, imperialistischer Staat und Staatenbund«, Nürnberg 1915, S. 72 und 70.

wundene der Freihandelsära und der Staatsfeindschaft ent-
gegenzusetzen. Die Antwort des Proletariats auf die Wirt-
schaftspolitik des Finanzkapitals, den Imperialismus, kann
nicht der Freihandel, kann nur der Sozialismus sein. Nicht das
reaktionär gewordene Ideal der Wiederherstellung der freien
Konkurrenz, sondern völlige Aufhebung der Konkurrenz durch
Überwindung des Kapitalismus kann jetzt allein das Ziel pro-
letarischer Politik sein.«[1*]

Kautsky hat mit dem Marxismus gebrochen, da er für die
Epoche des Finanzkapitals ein »reaktionär gewordenes Ideal«,
die »friedliche Demokratie«, das »bloße Gewicht der ökonomischen Faktoren« predigt – denn *objektiv* zerrt uns dieses
Ideal zurück, vom monopolistischen zum nichtmonopolisti-
schen Kapitalismus, ist es ein reformistischer Betrug.

Der Handel mit Ägypten (oder mit einer anderen Kolonie
oder Halbkolonie) »wäre« stärker »gewachsen« *ohne* militärische Besetzung, ohne Imperialismus, ohne Finanzkapital. Was
bedeutet das? Daß sich der Kapitalismus rascher entwickelt
hätte, wenn die freie Konkurrenz nicht eingeschränkt gewesen
wäre, weder durch Monopole überhaupt noch durch »Beziehungen« oder den Druck (d. h. wiederum durch das Monopol)
des Finanzkapitals, noch durch die monopolistische Beherrschung von Kolonien seitens einzelner Länder?

Einen anderen Sinn können Kautskys Betrachtungen nicht
haben, und *dieser* »Sinn« ist Unsinn. Angenommen, es *wäre
richtig*, daß sich Kapitalismus und Handel bei freier Konkurrenz, ohne irgendwelche Monopole, schneller entwickeln
w ü r d e n. Aber je schneller die Entwicklung des Handels und
des Kapitalismus vor sich geht, um so stärker ist doch die
Konzentration der Produktion und des Kapitals, die das Monopol *erzeugt*. Und die Monopole sind ja *s c h o n* entstanden,
gerade *a u s* der freien Konkurrenz! Selbst wenn die Monopole
jetzt die Entwicklung zu verlangsamen begonnen haben, so ist
das dennoch kein Argument zugunsten der freien Konkurrenz,
die unmöglich geworden ist, nachdem sie die Monopole erzeugt hat.

[1*] »Das Finanzkapital«, S. 567 [a. a. O., S. 555/556].

Wie immer man Kautskys Betrachtungen auch dreht und wendet, es kommt nichts anderes heraus als reaktionäre Einstellung und bürgerliches Reformertum.

Wollte man diese Betrachtung korrigieren und sagen, wie es Spectator tut: der Handel der englischen Kolonien mit England entwickelt sich jetzt langsamer als der Handel mit anderen Ländern, so würde das Kautsky auch nicht retten. Denn England wird *ebenfalls* vom Monopol, *ebenfalls* vom Imperialismus, nur dem eines anderen Landes (Amerikas, Deutschlands), geschlagen. Bekanntlich haben die Kartelle zu Schutzzöllen neuer, origineller Art geführt: Es werden gerade diejenigen Produkte geschützt (das hat bereits Engels im dritten Band des «Kapitals«[23] vermerkt), die exportfähig sind. Bekannt ist ferner das den Kartellen und dem Finanzkapital eigene System der »Ausfuhr zu Schleuderpreisen«, des »Dumping«, wie die Engländer sagen: Im Inland verkauft das Kartell seine Erzeugnisse zu monopolistischen Höchstpreisen, im Ausland aber setzt es sie zu Schleuderpreisen ab, um die Konkurrenz zu untergraben, die eigene Produktion maximal zu steigern usw. Wenn Deutschlands Handel mit den englischen Kolonien sich schneller entwickelt als der Englands, so beweist das lediglich, daß der deutsche Imperialismus frischer, kräftiger, organisierter ist und höher steht als der englische, es beweist aber keineswegs die »Überlegenheit« des freien Handels, denn hier kämpft nicht Freihandel gegen Schutzzollsystem und koloniale Abhängigkeit, sondern Imperialismus gegen Imperialismus, Monopol gegen Monopol, Finanzkapital gegen Finanzkapital. Die Überlegenheit des deutschen Imperialismus über den englischen ist stärker als die Mauer der Kolonialgrenzen oder der Schutzzölle: Daraus ein »Argument« *für* Freihandel und »friedliche Demokratie« zu konstruieren ist eine Plattheit, heißt die Grundzüge und Haupteigenschaften des Imperialismus vergessen, heißt an Stelle des Marxismus spießbürgerlichen Reformismus setzen.

Interessant ist, daß sogar der bürgerliche Ökonom A. Lansburgh, der den Imperialismus genauso spießbürgerlich kritisiert wie Kautsky, immerhin mit mehr Wissenschaftlichkeit an die Bearbeitung der Handelsstatistik heranging. Er verglich nicht ein einzelnes, zufällig herausgegriffenes Land und nicht nur eine Kolonie mit den anderen Ländern, sondern er verglich den Export eines imperialistischen Landes 1. nach Ländern, die von ihm finanziell abhängig sind, von ihm Geld leihen, und 2. nach Ländern, die finanziell unabhängig sind. Dabei kam er zu folgendem Ergebnis:

Ausfuhr aus Deutschland
(in Mill. Mark)

		1889	1908	Steigerung in %
	Rumänien	48,2	70,8	+ 47 %
Nach den von	Portugal	19,0	32,8	+ 73 %
Deutschland	Argentinien	60,7	147,0	+ 143 %
finanziell	Brasilien	48,7	84,5	+ 73 %
abhängigen	Chile	28,3	52,4	+ 85 %
Ländern:	Türkei	29,9	64,0	+ 114 %
	Summa	*234,8*	*451,5*	+ 92%
	Großbritannien	651,8	997,4	+ 53 %
Nach den von	Frankreich	210,2	437,9	+ 108 %
Deutschland	Belgien	137,2	322,8	+ 135 %
finanziell	Schweiz	177,4	401,1	+ 127 %
unabhängigen	Australien	21,2	64,5	+ 205 %
Ländern:	Niederländisch-Indien	8,8	40,7	+ 363 %
	Summa	*1 206,6*	*2 264,4*	+ 87%

Lansburgh hat die *Summen* nicht gezogen und deshalb seltsamerweise nicht bemerkt, daß diese Zahlen, *wenn* sie überhaupt etwas beweisen, nur *gegen* ihn sprechen, denn der Export nach den finanziell abhängigen Ländern wuchs, wenn auch nur um weniges, *immerhin schneller* als der nach den finanziell unabhängigen Ländern (wir betonen »wenn«, denn Lansburghs Statistik ist bei weitem noch nicht vollständig).

Dem Zusammenhang zwischen Export und Anleihen nachgehend, schreibt Lansburgh:

»In den Jahren 1890/91 wurde eine rumänische Anleihe von deutschen Banken übernommen, die bereits in den vorhergehenden Jahren Vorschüsse darauf gegeben hatten. Die Anleihe diente in der Hauptsache der Beschaffung von Eisenbahnmaterial, das aus Deutschland bezogen wurde. Im Jahre 1891 betrug die deutsche Ausfuhr nach Rumänien 55 Mill. M. Im nächsten Jahre sank sie auf 39,4 Millionen, um mit Unterbrechungen bis auf 25,4 Millionen (1900) zurückzugehen. Erst in den allerletzten Jahren ist der Stand von 1891 wieder erreicht worden – dank ein paar neuen Anleihen.

Die deutsche Ausfuhr nach Portugal stieg infolge der Anleihen von 1888/89 bis auf 21,1 Mill. M (1890), fiel dann in den beiden folgenden Jahren auf 16,2 und 7,4 Millionen und erreichte ihren alten Stand erst wieder im Jahre 1903.

Noch krasser gestalteten sich die Dinge im deutsch-argentinischen Verkehr. Infolge der Anleihen von 1888 und 1890 bezifferte sich die deutsche Ausfuhr nach Argentinien im Jahre 1889 auf 60,7 Mill. M. Zwei Jahre später betrug die Ausfuhr nur noch 18,6 Mill. M, also nicht den dritten Teil. Erst 1901 wurde der Höhepunkt von 1889 erstmalig überschritten, was mit der Übernahme neuer Staats- und Stadtanleihen, der Geldhingabe zur Errichtung von Elektrizitätswerken und sonstigen Kreditgewährungen zusammenhing.

Die Ausfuhr nach Chile stieg infolge der Anleihe von 1889 auf 45,2 Mill. M (1892) und fiel im zweiten Jahr darauf unter die Hälfte, auf 22,5 Mill. M. Nach Übernahme einer neuen Anleihe seitens deutscher Banken im Jahre 1906 stieg die Ausfuhr auf 84,7 Mill. M (1907), um bereits 1908 wieder auf 52,4 Millionen zu fallen.«[1]

Lansburgh leitet aus diesen Tatsachen die ergötzliche Spießermoral ab, wie unsicher und ungleichmäßig die an Anleihen geknüpfte Ausfuhr sei, wie übel es sei, Kapitalien nach dem Ausland zu exportieren, anstatt die einheimische Industrie »natürlich« und »harmonisch« fortzuentwickeln, wie »teuer« Krupp die Millionen Bakschisch bei Auslandsanleihen

[1] »Die Bank«, 1909, 2, S. 819 ff.

zu stehen kommen u. dgl. m. Aber die Tatsachen besagen deutlich: Die Steigerung des Exports ist *gerade* an die Schwindelmanöver des Finanzkapitals geknüpft, das sich nicht um die bürgerliche Moral schert und dem Ochsen das Fell zweimal über die Ohren zieht: einmal durch die Profite aus der Anleihe und dann durch die Profite aus *derselben* Anleihe, sobald sie zum Ankauf der Kruppschen Erzeugnisse oder der Eisenbahnmaterialien des Stahlsyndikats usw. verwendet wird.

Wir wiederholen: Wir halten Lansburghs Statistik keineswegs für vollkommen, aber sie mußte angeführt werden, denn sie ist wissenschaftlicher als die Kautskys und Spectators, da Lansburgh an die Frage einigermaßen richtig herangeht. Um über die Bedeutung des Finanzkapitals für die Ausfuhr usw. ein Urteil abzugeben, muß man es verstehen, den Zusammenhang der Ausfuhr speziell und lediglich mit den Manövern der Finanziers, speziell und lediglich mit dem Absatz der Kartellerzeugnisse usw. herauszuarbeiten. Aber einfach Kolonien überhaupt mit Nichtkolonien, einen Imperialismus mit einem andern Imperialismus, eine Halbkolonie oder Kolonie (Ägypten) mit allen übrigen Ländern zu vergleichen heißt gerade das *Wesen* der Dinge umgehen und vertuschen.

Die theoretische Kritik des Imperialismus bei Kautsky hat eben deshalb nichts mit dem Marxismus gemein, sie taugt eben deshalb nur als Ausgangspunkt für die Propaganda des Friedens und der Einheit mit den Opportunisten und Sozialchauvinisten, weil diese Kritik gerade die tiefsten und fundamentalsten Widersprüche des Imperialismus umgeht und vertuscht: den Widerspruch zwischen den Monopolen und der neben ihnen existierenden freien Konkurrenz, zwischen den riesenhaften »Transaktionen« (und riesenhaften Profiten) des Finanzkapitals und dem »ehrlichen« Handel auf dem freien Markt, zwischen den Kartellen und Trusts einerseits und der nichtkartellierten Industrie anderseits usw.

Ebenso reaktionären Charakter trägt auch die von Kautsky erfundene berüchtigte Theorie des »Ultraimperialismus«. Man vergleiche nur seine Betrachtung über dieses Thema im Jahre 1915 mit der Hobsons aus dem Jahre 1902.

Kautsky: »...ob es nicht möglich sei, daß die jetzige imperialistische Politik durch eine neue, ultraimperialistische verdrängt werde, die an Stelle des Kampfes der nationalen Finanzkapitale untereinander die gemeinsame Ausbeutung der Welt durch das international verbündete Finanzkapital setzte. Eine solche neue Phase des Kapitalismus ist jedenfalls denkbar. Ob auch realisierbar, das zu entscheiden fehlen noch die genügenden Voraussetzungen.«[1]

Hobson: »Das Christentum, das sich so auf wenige große föderative Reiche ausgebreitet hat, von denen jedes eine Reihe von unzivilisierten Kolonien und abhängigen Ländern beherrscht, erscheint vielen als höchst gesetzmäßige Entwicklung der Tendenzen der Gegenwart, und dazu als eine Entwicklung, die am ehesten einen dauernden Frieden auf der festen Grundlage des Interimperialismus erhoffen läßt.«[2]

Kautsky hat also Ultraimperialismus oder Überimperialismus das genannt, was Hobson 13 Jahre früher Interimperialismus oder Zwischenimperialismus nannte. Außer der Erfindung eines neuen hochgelahrten Wörtchens mittels Ersetzung einer lateinischen Vorsilbe durch eine andere besteht der Fortschritt des »wissenschaftlichen« Denkens bei Kautsky nur in der Anmaßung, etwas als Marxismus auszugeben, was Hobson im Grunde genommen als Heuchelei englischer Pfaffen bezeichnet. Nach dem Burenkrieg war es für diesen hochehrwürdigen Stand ganz natürlich, seine Bemühungen hauptsächlich auf die *Vertröstung* der englischen Kleinbürger und Arbeiter zu richten, die in den südafrikanischen Schlachten nicht wenige Tote verloren hatten und die Sicherung der erhöhten Profite der englischen Finanzleute mit erhöhten Steuern bezahlen mußten. Und welche Vertröstung hätte besser sein können als die, daß der Imperialismus gar nicht so schlimm sei, daß er sich dem Inter- (oder Ultra-)imperialismus nähere, der dauernden Frie-

---

[1] »Die Neue Zeit«, 30. April 1915, 144.
[2] J. A. Hobson, »Imperialism«, London 1902, S. 351.

den zu gewährleisten imstande sei? Was immer auch die wohlgemeinten Absichten der englischen Pfaffen oder des süßlichen Kautsky sein mögen, der objektive, d. h. wirkliche soziale Sinn seiner »Theorie« ist einzig und allein der: eine höchst reaktionäre Vertröstung der Massen auf die Möglichkeit eines dauernden Friedens im Kapitalismus, indem man die Aufmerksamkeit von den akuten Widersprüchen und akuten Problemen der Gegenwart ablenkt auf die verlogenen Perspektiven irgendeines angeblich neuen künftigen »Ultraimperialismus«. Betrug an den Massen und sonst absolut nichts ist der Inhalt von Kautskys »marxistischer« Theorie.

In der Tat, es genügt, allgemein bekannte, unbestreitbare Tatsachen einander gegenüberzustellen, um sich davon zu überzeugen, wie verlogen die Perspektiven sind, die Kautsky den deutschen Arbeitern (und den Arbeitern aller Länder) weiszumachen sucht. Man nehme Indien, Indochina und China. Bekanntlich werden diese drei kolonialen und halbkolonialen Länder mit einer Bevölkerung von 600–700 Millionen Menschen vom Finanzkapital einiger imperialistischer Mächte – Englands, Frankreichs, Japans, der Vereinigten Staaten usw. – ausgebeutet. Angenommen, diese imperialistischen Staaten schlössen Bündnisse, ein Bündnis gegen ein anderes, um ihren Besitz, ihre Interessen und »Einflußsphären« in den genannten asiatischen Staaten zu behaupten oder auszudehnen. Das wären »interimperialistische« oder »ultraimperialistische« Bündnisse. Angenommen, *sämtliche* imperialistischen Mächte schlössen ein Bündnis zur »friedlichen« Aufteilung der genannten asiatischen Länder – das wäre ein »international verbündetes Finanzkapital«. Es gibt in der Geschichte des 20. Jahrhunderts faktische Beispiele eines derartigen Bündnisses, z. B. im Verhalten der Mächte zu China. Es fragt sich nun, ist die Annahme »denkbar«, daß beim Fortbestehen des Kapitalismus (und diese Bedingung setzt Kautsky gerade voraus) solche Bündnisse nicht kurzlebig wären, daß sie Reibungen, Konflikte und Kampf in jedweden und allen möglichen Formen ausschließen würden?

Es genügt, diese Frage klar zu stellen, um sie nicht anders als mit Nein zu beantworten. Denn unter dem Kapitalismus ist für die Aufteilung der Interessen- und Einflußsphären, der Kolonien usw. eine andere Grundlage als die *Stärke* der daran Beteiligten, ihre allgemeinwirtschaftliche, finanzielle, militärische und sonstige Stärke, *nicht* denkbar. Die Stärke der Beteiligten aber ändert sich ungleichmäßig, denn eine *gleichmäßige* Entwicklung der einzelnen Unternehmungen, Trusts, Industriezweige und Länder kann es unter dem Kapitalismus nicht geben. Vor einem halben Jahrhundert war Deutschland, wenn man seine kapitalistische Macht mit der des damaligen Englands vergleicht, eine klägliche Null; ebenso Japan im Vergleich zu Rußland. Ist die Annahme »denkbar«, daß das Kräfteverhältnis zwischen den imperialistischen Mächten nach zehn, zwanzig Jahren *un*verändert geblieben sein wird? Das ist absolut undenkbar.

»Interimperialistische« oder »ultraimperialistische« Bündnisse sind daher in der kapitalistischen Wirklichkeit, und nicht in der banalen Spießerphantasie englischer Pfaffen oder des deutschen »Marxisten« Kautsky, *notwendigerweise* nur »Atempausen« zwischen Kriegen — gleichviel, in welcher Form diese Bündnisse geschlossen werden, ob in der Form einer imperialistischen Koalition gegen eine andere imperialistische Koalition oder in der Form eines allgemeinen Bündnisses *aller* imperialistischen Mächte. Friedliche Bündnisse bereiten Kriege vor und wachsen ihrerseits aus Kriegen hervor, bedingen sich gegenseitig, erzeugen einen Wechsel der Formen friedlichen und nicht friedlichen Kampfes auf *ein und demselben* Boden imperialistischer Zusammenhänge und Wechselbeziehungen der Weltwirtschaft und der Weltpolitik. Der neunmalweise Kautsky aber *trennt*, um die Arbeiter zu beschwichtigen und sie mit den zur Bourgeoisie übergegangenen Sozialchauvinisten auszusöhnen, ein Glied der einheitlichen Kette von dem anderen, trennt das heutige friedliche (und ultraimperialistische, ja sogar ultraultraimperialistische) Bündnis *aller* Mächte zur »Befriedung« Chinas (man denke an die Niederwerfung des

Boxeraufstands[24]) von dem morgigen nicht friedlichen Konflikt, der übermorgen wiederum ein »friedliches« allgemeines Bündnis zur Aufteilung, sagen wir, der Türkei vorbereitet, *usw. usf.* Statt des lebendigen Zusammenhangs zwischen den Perioden des imperialistischen Friedens und den Perioden imperialistischer Kriege präsentiert Kautsky den Arbeitern eine tote Abstraktion, um sie mit ihren toten Führern auszusöhnen.

Der Amerikaner Hill unterscheidet in dem Vorwort zu seiner »Geschichte der Diplomatie in der internationalen Entwicklung Europas« folgende Perioden der neueren Geschichte der Diplomatie: 1. Ära der Revolution; 2. der konstitutionellen Bewegung; 3. Ära des »Handelsimperialismus«[1*] unserer Tage. Ein anderer Autor teilt die Geschichte der »Weltpolitik« Großbritanniens seit 1870 in 4 Perioden ein, und zwar: 1. die erste asiatische (Kampf gegen Rußlands Vordringen in Zentralasien in Richtung nach Indien); 2. die afrikanische (etwa 1885–1902) – Kampf gegen Frankreich wegen der Aufteilung Afrikas (»Faschoda« 1898 – um Haaresbreite Krieg mit Frankreich); 3. die zweite asiatische (Vertrag mit Japan gegen Rußland) und 4. die »europäische« – hauptsächlich gegen Deutschland gerichtet.[2*] »Die politischen Vorpostengefechte werden auf finanziellem Boden geschlagen«, schrieb schon 1905 der »Bankmann« Riesser und wies darauf hin, wie das französische Finanzkapital durch seine Transaktionen in Italien das politische Bündnis dieser beiden Länder vorbereitete und wie sich der Kampf zwischen England und Deutschland um Persien sowie der Kampf aller europäischen Kapitale um die chinesischen Anleihen usw. entfaltete. Das ist die lebendige Wirklichkeit der »ultraimperialistischen« friedlichen Bündnisse in ihrem untrennbaren Zusammenhang mit den gewöhnlichen imperialistischen Konflikten.

Kautskys Vertuschung der tiefsten Widersprüche des Im-

[1*] David Jayne Hill, »A History of Diplomacy in the International Development of Europe«, vol. I, p. X [Geschichte der Diplomatie in der internationalen Entwicklung Europas, Bd. I, S. X].
[2*] Schilder, a. a. O., S. 178.

perialismus, woraus unvermeidlich eine Beschönigung des Imperialismus wird, hinterläßt ihre Spuren auch in seiner Kritik der politischen Eigenschaften des Imperialismus. Der Imperialismus ist die Epoche des Finanzkapitals und der Monopole, die überallhin den Drang nach Herrschaft und nicht nach Freiheit tragen. Reaktion auf der ganzen Linie, gleichviel unter welchem politischen System, äußerste Zuspitzung der Gegensätze auch auf diesem Gebiet – das ist das Ergebnis dieser Tendenzen. Insbesondere verschärfen sich auch die nationale Unterdrückung und der Drang nach Annexionen, d. h. nach Verletzung der nationalen Unabhängigkeit (denn Annexion ist ja nichts anderes als Verletzung der Selbstbestimmung der Nationen). Mit Recht hebt Hilferding den Zusammenhang des Imperialismus mit der Verschärfung der nationalen Unterdrückung hervor: »In den neu erschlossenen Ländern selbst aber«, schreibt er, »steigert der importierte Kapitalismus die Gegensätze und erregt den immer wachsenden Widerstand der zu nationalem Bewußtsein erwachenden Völker gegen die Eindringlinge, der sich leicht zu gefährlichen Maßnahmen gegen das Fremdkapital steigern kann. Die alten sozialen Verhältnisse werden völlig revolutioniert, die agrarische, tausendjährige Gebundenheit der ›geschichtslosen Nationen‹ gesprengt, diese selbst in den kapitalistischen Strudel hineingezogen. Der Kapitalismus selbst gibt den Unterworfenen allmählich die Mittel und Wege zu ihrer Befreiung. Das Ziel, das einst das höchste der europäischen Nationen war, die Herstellung des nationalen Einheitsstaates als Mittel der ökonomischen und kulturellen Freiheit, wird auch zu dem ihren. Diese Unabhängigkeitsbewegung bedroht das europäische Kapital gerade in seinen wertvollsten und aussichtsreichsten Ausbeutungsgebieten, und immer mehr kann es seine Herrschaft nur durch stete Vermehrung seiner Machtmittel erhalten.«[1*]

Es muß hinzugefügt werden, daß der Imperialismus nicht allein in den neu erschlossenen, sondern auch in den alten

[1*] »Das Finanzkapital«, S. 487 [a. a. O., S. 480].

Ländern zu Annexionen, zur Verstärkung der nationalen Unterdrückung und folglich auch zur Verschärfung des Widerstands führt. Kautsky wendet sich gegen die Verstärkung der politischen Reaktion durch den Imperialismus, läßt aber die besonders akut gewordene Frage, daß in der Epoche des Imperialismus eine Einheit mit den Opportunisten unmöglich ist, im dunkeln. Er wendet sich gegen Annexionen, kleidet aber seine Einwände in eine Form, die für die Opportunisten am unverfänglichsten und am ehesten annehmbar ist. Obwohl er sich unmittelbar an das deutsche Publikum wendet, vertuscht er dennoch gerade das Wichtigste und Aktuellste, beispielsweise die Tatsache, daß Elsaß-Lothringen eine Annexion Deutschlands darstellt. Zur Kennzeichnung dieser »Gedankenrichtung« Kautskys sei hier ein Beispiel angeführt. Angenommen, ein Japaner verurteilt die Annexion der Philippinen durch die Amerikaner. Es fragt sich nun: Werden viele daran glauben, daß er dies aus Abscheu vor Annexionen überhaupt tut und nicht etwa von dem Wunsch geleitet, die Philippinen selber zu annektieren? Und wird man nicht zugeben müssen, daß man den »Kampf« des Japaners gegen Annexionen nur und nur dann für aufrichtig und politisch ehrlich halten kann, wenn er sich gegen die Annexion Koreas durch Japan wendet und für Korea die Freiheit der Lostrennung von Japan fordert?

Sowohl Kautskys theoretische Analyse des Imperialismus wie auch seine ökonomische und politische Kritik des Imperialismus sind *völlig* von einem mit dem Marxismus absolut nicht zu vereinbarenden Geist der Vertuschung und Verwischung der grundlegenden Gegensätze durchdrungen, von dem Bestreben, die zerfallende Einheit mit dem Opportunismus in der europäischen Arbeiterbewegung um jeden Preis aufrechtzuerhalten.

Wir haben gesehen, daß der Imperialismus seinem ökonomischen Wesen nach Monopolkapitalismus ist. Schon dadurch ist der historische Platz des Imperialismus bestimmt, denn das Monopol, das auf dem Boden der freien Konkurrenz und eben aus der freien Konkurrenz erwächst, bedeutet den Übergang von der kapitalistischen zu einer höheren ökonomischen Gesellschaftsformation. Es sind insbesondere vier Hauptarten der Monopole oder Haupterscheinungsformen des Monopolkapitalismus hervorzuheben, die für die in Betracht kommende Epoche charakteristisch sind.

Erstens: Das Monopol ist aus der Konzentration der Produktion auf einer sehr hohen Stufe ihrer Entwicklung erwachsen. Das sind die Monopolverbände der Kapitalisten, die Kartelle, Syndikate und Trusts. Wir sehen, welch gewaltige Rolle sie im heutigen Wirtschaftsleben spielen. Zu Beginn des 20. Jahrhunderts gewannen sie in den fortgeschrittenen Ländern das völlige Übergewicht, und wenn die ersten Schritte auf dem Wege der Kartellierung zuerst von Ländern mit hohen Schutzzöllen (Deutschland, Amerika) getan wurden, so hat England mit seinem Freihandelssystem nur wenig später dieselbe grundlegende Tatsache aufzuweisen: die Entstehung der Monopole aus der Konzentration der Produktion.

Zweitens: Die Monopole haben in verstärktem Maße zur Besitzergreifung der wichtigsten Rohstoffquellen geführt, besonders in der ausschlaggebenden und am meisten kartellierten Industrie der kapitalistischen Gesellschaft: der Kohlen- und Eisenindustrie. Die monopolistische Beherrschung der wichtigsten Rohstoffquellen hat die Macht des Großkapitals ungeheuer gesteigert und den Gegensatz zwischen der kartellierten und nichtkartellierten Industrie verschärft.

Drittens: Das Monopol ist aus den Banken erwachsen. Diese haben sich aus bescheidenen Vermittlungsunternehmungen zu Monopolisten des Finanzkapitals gewandelt. Drei bis fünf Großbanken einer beliebigen der kapitalistisch fortgeschrittensten Nationen haben zwischen Industrie- und Bankkapital eine »Personalunion« hergestellt und in ihrer Hand die Verfügungsgewalt über Milliarden und aber Milliarden konzentriert, die den größten Teil der Kapitalien und der Geldeinkünfte des ganzen Landes ausmachen. Eine Finanzoligarchie, die ein dichtes Netz von Abhängigkeitsverhältnissen über ausnahmslos alle ökonomischen und politischen Institutionen der modernen bürgerlichen Gesellschaft spannt – das ist die krasseste Erscheinungsform dieses Monopols.

Viertens: Das Monopol ist aus der Kolonialpolitik erwachsen. Den zahlreichen »alten« Motiven der Kolonialpolitik fügte das Finanzkapital noch den Kampf um Rohstoffquellen hinzu, um Kapitalexport, um »Einflußsphären« – d. h. um Sphären für gewinnbringende Geschäfte, Konzessionen, Monopolprofite usw. – und schließlich um das Wirtschaftsgebiet überhaupt. Als z. B. die europäischen Mächte mit ihren Kolonien erst den zehnten Teil von Afrika besetzt hatten, wie es noch 1876 der Fall war, da konnte sich die Kolonialpolitik auf nichtmonopolistische Weise entfalten, in der Art einer sozusagen »freibeuterischen« Besetzung des Landes. Als aber neun Zehntel Afrikas besetzt waren (gegen 1900), als die ganze Welt verteilt war, da begann unvermeidlich die Ära des monopolistischen Kolonialbesitzes und folglich auch eines besonders verschärften Kampfes um die Aufteilung und Neuaufteilung der Welt.

Wie sehr der monopolistische Kapitalismus alle Widersprüche des Kapitalismus verschärft hat, ist allgemein bekannt. Es genügt, auf die Teuerung und auf den Druck der Kartelle hinzuweisen. Diese Verschärfung der Gegensätze ist die mächtigste Triebkraft der geschichtlichen Übergangsperiode, die mit dem endgültigen Sieg des internationalen Finanzkapitals ihren Anfang genommen hat.

Monopole, Oligarchie, das Streben nach Herrschaft statt nach Freiheit, die Ausbeutung einer immer größeren Anzahl kleiner oder schwacher Nationen durch ganz wenige reiche oder mächtige Nationen – all das erzeugte jene Merkmale des

Imperialismus, die uns veranlassen, ihn als parasitären oder in Fäulnis begriffenen Kapitalismus zu kennzeichnen. Immer plastischer tritt als eine Tendenz des Imperialismus die Bildung des »Rentnerstaates«, des Wucherstaates hervor, dessen Bourgeoisie in steigendem Maße von Kapitalexport und »Kuponschneiden« lebt. Es wäre ein Fehler, zu glauben, daß diese Fäulnistendenz ein rasches Wachstum des Kapitalismus ausschließt; durchaus nicht, einzelne Industriezweige, einzelne Schichten der Bourgeoisie und einzelne Länder offenbaren in der Epoche des Imperialismus mehr oder minder stark bald die eine, bald die andere dieser Tendenzen. Im großen und ganzen wächst der Kapitalismus bedeutend schneller als früher, aber dieses Wachstum wird nicht nur im allgemeinen immer ungleichmäßiger, sondern die Ungleichmäßigkeit äußert sich auch im besonderen in der Fäulnis der kapitalkräftigsten Länder (England).

Über die Schnelligkeit der ökonomischen Entwicklung Deutschlands sagt Riesser, der Verfasser des Werkes über die deutschen Großbanken: »Der nicht gerade langsame Fortschritt der vorigen Epoche (1848—1870) verhält sich zu der Schnelligkeit, mit der Deutschlands Gesamtwirtschaft und mit ihr das deutsche Bankwesen in dieser Periode (1870—1905) vorwärtskam, etwa so, wie das Tempo der Postkutsche des Heiligen Römischen Reiches Deutscher Nation zu dem Fluge des heutigen Automobils, dessen... Dahinsausen allerdings auch manchmal sowohl den harmlos dahinziehenden Fußgänger wie die Insassen selbst gefährdet.« Seinerseits hätte dieses ungewöhnlich schnell gewachsene Finanzkapital gerade deshalb, weil es so schnell gewachsen ist, nichts dagegen, zu einem »ruhigeren« Besitz der Kolonien überzugehen, die den reicheren Nationen, und zwar nicht nur mit friedlichen Mitteln, entrissen werden können. In den Vereinigten Staaten ging die ökonomische Entwicklung in den letzten Jahrzehnten noch rascher vor sich als in Deutschland, und gerade *dank* diesem Umstand kamen die parasitären Züge des jüngsten amerikanischen Kapitalismus besonders kraß zum Vorschein. Anderseits zeigt ein Vergleich, sagen wir, der republikanischen amerikanischen Bourgeoisie mit der monarchistischen japanischen oder deutschen, daß auch der stärkste politische Unterschied in der Epoche des Imperialismus in hohem Grade abgeschwächt wird – nicht etwa, weil er überhaupt unwichtig wäre, sondern weil es sich in allen diesen Fällen um eine Bourgeoisie mit ausgesprochen parasitären Zügen handelt.

Dadurch, daß die Kapitalisten eines Industriezweiges unter vielen anderen oder eines Landes unter vielen anderen usw. hohe Monopolprofite herausschlagen, bekommen sie ökonomisch die Möglichkeit, einzelne Schichten der Arbeiter, vorübergehend sogar eine ziemlich bedeutende Minderheit der Arbeiter zu bestechen und sie auf die Seite der Bourgeoisie des betreffenden Industriezweiges oder der betreffenden Nation gegen alle übrigen hinüberzuziehen. Diese Tendenz wird durch den verschärften Antagonismus zwischen den imperialistischen Nationen wegen der Aufteilung der Welt noch verstärkt. So entsteht der Zusammenhang von Imperialismus und Opportunismus, der sich am frühesten und krassesten in England auswirkte, weil dort gewisse imperialistische Züge der Entwicklung bedeutend früher als in anderen Ländern zutage traten. Manche Schriftsteller, z. B. L. Martow, möchten sich über die Tatsache, daß Imperialismus und Opportunismus in der Arbeiterbewegung zusammenhängen – eine Tatsache, die jetzt ganz besonders in die Augen springt –, gern hinwegsetzen, und zwar mit dem »amtlichen Optimismus« (im Geiste Kautskys und Huysmans') von Betrachtungen folgender Art: Die Sache der Gegner des Kapitalismus wäre hoffnungslos, wenn gerade der fortgeschrittene Kapitalismus zur Verstärkung des Opportunismus führte oder wenn gerade die bestbezahlten Arbeiter zum Opportunismus neigten u. dgl. m. Man darf sich über die Bedeutung eines solchen »Optimismus« nicht täuschen: Es ist ein Optimismus hinsichtlich des Opportunismus, es ist ein Optimismus, der der Verhüllung des Opportunismus dient. In Wirklichkeit ist die besonders schnelle und besonders widerwärtige Entwicklung des Opportunismus keineswegs eine

Garantie für seinen dauernden Sieg, wie auch die schnelle Entwicklung eines bösartigen Geschwürs an einem gesunden Organismus nur das Aufbrechen des Geschwürs, die Befreiung des Organismus von diesem beschleunigen kann. Am gefährlichsten sind in dieser Hinsicht Leute, die nicht verstehen wollen, daß der Kampf gegen den Imperialismus eine hohle, verlogene Phrase ist, wenn er nicht unlöslich verknüpft ist mit dem Kampf gegen den Opportunismus.

Aus allem, was über das ökonomische Wesen des Imperialismus gesagt wurde, geht hervor, daß er charakterisiert werden muß als Übergangskapitalismus oder, richtiger, als sterbender Kapitalismus. Höchst aufschlußreich ist in dieser Hinsicht, daß die Schlagworte der bürgerlichen Ökonomen, die den jüngsten Kapitalismus beschreiben, »Verflechtung«, »Fehlen der Isoliertheit« usw. heißen; die Banken seien »Unternehmungen, die nach ihren Aufgaben und nach ihrer Entwicklung nicht einen rein privatwirtschaftlichen Charakter haben und die immer mehr aus der Sphäre der rein privatrechtlichen Regelung herauswachsen«. Und derselbe Riesser, von dem diese Worte stammen, erklärt mit todernster Miene, daß sich die »Voraussage« der Marxisten über die »Vergesellschaftung« »nicht verwirklicht« habe!

Was bedeutet denn dieses Wörtchen »Verflechtung«? Es erfaßt bloß einen einzelnen, wenn auch den auffallendsten Zug des Prozesses, der sich vor unseren Augen abspielt. Es zeigt, daß der Beobachter einzelne Bäume aufzählt, aber den Wald nicht sieht. Es kopiert sklavisch das Äußere, Zufällige, Chaotische. Es verrät uns in dem Beobachter einen Menschen, der von dem unverarbeiteten Material erdrückt wird und sich in dessen Sinn und Bedeutung absolut nicht zurechtfindet. »Zufällig verflechten sich« Aktienbesitz und Privateigentümerverhältnisse. Aber das, was dieser Verflechtung zugrunde liegt, was ihre Grundlage bildet, sind die sich verändernden gesellschaftlichen Produktionsverhältnisse. Wenn aus einem Großbetrieb ein Mammutbetrieb wird, der planmäßig, auf Grund genau errechneter Massendaten, die Lieferung des ursprünglichen Rohmaterials im Umfang von zwei Dritteln oder drei Vierteln des gesamten Bedarfs für Dutzende von Millionen der Bevölkerung organisiert; wenn die Beförderung dieses Rohstoffs nach den geeignetsten Produktionsstätten, die mitunter Hunderte und Tausende Meilen voneinander entfernt sind, systematisch organisiert wird; wenn von einer Zentralstelle aus alle aufeinanderfolgenden Stadien der Verarbeitung des Materials bis zur Herstellung der verschiedenartigsten Fertigprodukte geregelt werden; wenn die Verteilung dieser Produkte auf Dutzende und Hunderte von Millionen Konsumenten nach einem einzigen Plan geschieht (Petroleumabsatz in Amerika wie in Deutschland durch den amerikanischen »Petroleumtrust«) – dann wird es offensichtlich, daß wir es mit einer Vergesellschaftung der Produktion zu tun haben und durchaus nicht mit einer bloßen »Verflechtung«; daß privatwirtschaftliche und Privateigentumsverhältnisse eine Hülle darstellen, die dem Inhalt bereits nicht mehr entspricht und die daher unvermeidlich in Fäulnis übergehen muß, wenn ihre Beseitigung künstlich verzögert wird, eine Hülle, die sich zwar verhältnismäßig lange in diesem Fäulniszustand halten kann (wenn schlimmstenfalls die Gesundung von dem opportunistischen Geschwür auf sich warten lassen sollte), die aber dennoch unvermeidlich beseitigt werden wird.

Schulze-Gaevernitz, ein begeisterter Anhänger des deutschen Imperialismus, ruft aus:

»Ist die letzte Leitung der deutschen Bankwelt einem Dutzend von Männern anvertraut, so ist deren Tätigkeit schon heute für das Volkswohl bedeutsamer als die der meisten Staatsminister« (die »Verflechtung« der Bankiers, Minister, Industriellen und Rentner vergißt man hier lieber...). »Denken wir uns die aufgewiesenen Entwicklungstendenzen bis zum letzten erreicht: das Geldkapital der Nation in den Banken vereinigt, diese selbst kartellmäßig verbunden, das Anlagekapital der Nation in Effektenform gegossen. Dann verwirklicht sich das geniale Wort Saint-Simons: ›Die heutige Anarchie in der Produktion, die der Tatsache entspringt, daß sich die

ökonomischen Beziehungen ohne einheitliche Regelung ab-
wickeln, muß einer Organisation der Produktion weichen. Es
werden nicht mehr isolierte Unternehmer sein, die unabhängig
voneinander, ohne Kenntnis der ökonomischen Bedürfnisse des
Menschen, die Produktionsgestaltung bewirken, sondern diese
wird einer sozialen Institution zufallen. Eine zentrale Ver-
waltungsbehörde, die von erhöhtem Standpunkt aus das weite
Gebiet der sozialen Ökonomie zu überblicken vermag, wird
diese in einer der Gesamtheit dienlichen Weise regulieren und
die Produktionsmittel den geeigneten Händen überweisen,
namentlich wird sie für eine ständige Harmonie zwischen
Produktion und Konsumtion sorgen. Es gibt Institutionen, die
eine gewisse Organisation der wirtschaftlichen Arbeit in ihren
Aufgabenkreis einbezogen haben: die Banken.‹ Noch sind wir
von der Verwirklichung dieses Wortes entfernt, aber wir befinden uns auf dem Wege zu seiner Verwirklichung – Marxismus anders, und doch nur in der Form anders, als Marx sich
ihn dachte!«[1]

Man muß schon sagen: Eine schöne »Widerlegung« von
Marx, die einen Schritt rückwärts macht von der exakten
wissenschaftlichen Analyse Marx' zur Vorahnung Saint-
Simons, die zwar genial, aber doch nur eine Vorahnung war.

---

[1] »Grundriß der Sozialökonomik«, 146.

Anhang

—

Manifest des Außerordentlichen Internationalen Sozialistenkongresses am 24. und 25. November 1912 in Basel über die Kriegsgefahr und die Aufgaben des internationalen Proletariats

Dokumente und Materialien zur Geschichte der deutschen Arbeiterbewegung, Bd. IV, Berlin 1967, S. 433–437.

Manifest der Internationale
zur gegenwärtigen Lage

Die Internationale hat auf ihren Kongressen von Stuttgart und Kopenhagen für das Proletariat aller Länder als leitende Grundsätze für den Kampf gegen den Krieg festgestellt:
»Droht der Ausbruch eines Krieges, so sind die arbeitenden Klassen und deren parlamentarische Vertretungen in den beteiligten Ländern verpflichtet, unterstützt durch die zusammenfassende Tätigkeit des Internationalen Büros, *alles aufzubieten, um durch die Anwendung der ihnen am wirksamsten erscheinenden Mittel den Ausbruch des Krieges zu verhindern,* die sich je nach der Verschärfung des Klassenkampfes und der Verschärfung der allgemeinen politischen Situation naturgemäß ändern.

Falls der Krieg dennoch ausbrechen sollte, ist es die Pflicht, für dessen *rasche Beendigung einzutreten* und mit allen Kräften dahin zu streben, die *durch den Krieg herbeigeführte wirtschaftliche und politische Krise zur Aufrüttelung des Volkes auszunutzen und dadurch die Beseitigung der kapitalistischen Klassenherrschaft zu beschleunigen.«*

Die Ereignisse der letzten Zeit haben mehr als jemals dem Proletariat die Pflicht auferlegt, seinen planmäßigen und gemeinsamen Aktionen die größte Kraft und Energie zu geben. Auf der einen Seite hat der allgemeine Rüstungswahnsinn die Lebensmittelteuerung verschärft und dadurch die Klassengegensätze zugespitzt und in die Arbeiterklasse eine unbezwingbare Empörung getragen. Die Arbeiter wollen diesem System von Beunruhigung und Verschwendung eine Grenze setzen. Andererseits wirken die unaufhörlich wiederkehrenden Kriegsdrohungen immer aufreizender. Die großen Völker Europas sind beständig auf dem Punkte, gegeneinander getrieben zu werden, ohne daß diese Attentate gegen Menschlichkeit und Vernunft auch nur durch den geringsten Vorwand eines Volksinteresses gerechtfertigt werden könnten.

Die Balkankrise[25], die bereits bis heute so schreckliche

Greuel herbeigeführt hat, würde, wenn sie weitergreift, die furchtbarste Gefahr für die Zivilisation und das Proletariat sein. Sie wäre zugleich die größte Schandtat der Weltgeschichte durch den schreienden Gegensatz zwischen der Größe der Katastrophe und der Geringfügigkeit der ins Spiel kommenden Interessen.

Darum stellt der Kongreß mit Genugtuung fest die vollständige Einmütigkeit der sozialistischen Parteien und der Gewerkschaften aller Länder im Kriege gegen den Krieg.

Indem die Proletarier aller Länder sich gleichzeitig zum Kampfe gegen den Imperialismus erhoben, jede Sektion der Internationale aber der Regierung ihres Landes den Widerstand des Proletariats entgegenstellte und die öffentliche Meinung ihrer Nation gegen alle kriegerischen Gelüste mobilisierte, ergab sich eine grandiose Kooperation der Arbeiter aller Länder, die schon bisher sehr viel dazu beigetragen hat, den bedrohten Weltfrieden zu retten. Die Furcht der herrschenden Klassen vor einer proletarischen Revolution im Gefolge eines Weltkrieges hat sich als eine wesentliche Bürgschaft des Friedens erwiesen.

Der Kongreß fordert daher die sozialdemokratischen Parteien auf, ihre Aktion mit allen ihnen zweckmäßig erscheinenden Mitteln fortzusetzen, er weist in dieser gemeinsamen Aktion jeder sozialistischen Partei ihre besondere Aufgabe zu.

Die sozialdemokratischen Parteien der Balkanhalbinsel haben eine schwierige Aufgabe. Die Großmächte Europas haben durch systematische Hintertreibung aller Reformen dazu beigetragen, in der Türkei unerträgliche ökonomische, nationale und politische Zustände herbeizuführen, die notwendig zur Empörung und zum Kriege führen mußten. Gegenüber der Ausbeutung dieser Zustände im Interesse der Dynastien und Bourgeoisien haben die sozialdemokratischen Parteien des Balkans mit heroischem Mute die Forderung nach einer demokratischen Föderation erhoben. Der Kongreß fordert sie auf, in ihrer bewunderungswürdigen Haltung zu verharren; er erwartet, daß die Sozialdemokratie des Balkans nach dem

Kriege alles daransetzen wird, zu verhindern, daß die mit so furchtbaren Opfern erkauften Errungenschaften des Balkankrieges von den Dynastien, vom Militarismus, von der expansionslüsternen Bourgeoisie der Balkanstaaten für ihre Zwecke mißbraucht werden. Insbesondere aber fordert der Kongreß die Sozialisten am Balkan auf, sich nicht nur der Erneuerung der alten Feindschaften zwischen Serben, Bulgaren, Rumänen und Griechen, sondern auch jeder Vergewaltigung der gegenwärtig im anderen Kriegslager stehenden Balkanvölker, der Türken und der Albaner, zu widersetzen. Die Sozialisten des Balkans haben daher die Pflicht, jede Entrechtung dieser Völker zu bekämpfen und gegen den entfesselten nationalen Chauvinismus die Verbrüderung aller Balkanvölker, einschließlich der Albaner, der Türken und der Rumänen, zu proklamieren.

Die sozialdemokratischen Parteien Österreichs, Ungarns, Kroatiens und Slawoniens, Bosniens und der Herzegowina haben die Pflicht, ihre wirkungsvolle Aktion gegen einen Angriff der Donaumonarchie auf Serbien mit aller Kraft fortzusetzen. Es ist ihre Aufgabe, sich wie bisher auch fürderhin dem Plane zu widersetzen, Serbien mit Waffengewalt der Ergebnisse des Krieges zu berauben, es in eine Kolonie Österreichs zu verwandeln und um dynastischer Interessen willen die Völker Österreich-Ungarns selbst und mit ihnen alle Nationen Europas in die größten Gefahren zu verstricken. Ebenso werden die sozialdemokratischen Parteien Österreich-Ungarns auch in Zukunft darum kämpfen, daß den vom Hause Habsburg beherrschten Teilen des südslawischen Volkes innerhalb der Grenzen der österreichisch-ungarischen Monarchie selbst das Recht auf demokratische Selbstregierung errungen werde.

Besondere Aufmerksamkeit haben die sozialdemokratischen Parteien Österreich-Ungarns ebenso wie die Sozialisten Italiens der albanischen Frage zuzuwenden. Der Kongreß erkennt das Recht des albanischen Volkes auf Autonomie an. Er verwahrt sich aber dagegen, daß unter dem Deckmantel der

Autonomie Albanien zum Opfer österreichisch-ungarischer und italienischer Herrschaftsgelüste werde. Darin erblickt der Kongreß nicht nur eine Gefahr für Albanien selbst, sondern in nicht ferner Zeit auch eine Bedrohung des Friedens zwischen Österreich-Ungarn und Italien. Nur als autonomes Glied einer demokratischen Balkanföderation kann Albanien ein wirklich selbständiges Leben führen. Der Kongreß fordert daher die Sozialdemokraten Österreich-Ungarns und Italiens auf, jeden Versuch ihrer Regierungen, Albanien in ihre Einflußsphäre einzubeziehen, zu bekämpfen und ihre Bemühungen um die Festigung der friedlichen Beziehungen zwischen Österreich-Ungarn und Italien fortzusetzen.

Mit großer Freude begrüßt der Kongreß die Proteststreiks der russischen Arbeiter als eine Bürgschaft dafür, daß das Proletariat Rußlands und Polens sich zu erholen beginnt von den Schlägen, die die zarische Konterrevolution ihm versetzt hat. Darin erblickt der Kongreß die stärkste Bürgschaft gegen die verbrecherischen Intrigen des Zarismus, der, nachdem er die Völker seines eigenen Landes blutig niedergeworfen, nachdem er die Balkanvölker selbst unzählige Male verraten und ihren Feinden preisgegeben hat, nunmehr schwankt zwischen der Furcht vor den Folgen eines Krieges für ihn selbst und der Furcht vor dem Drängen einer nationalistischen Bewegung, die er selbst geschaffen hat. Wenn sich aber der Zarismus nunmehr wieder anschickt, sich als Befreier der Nationen des Balkans zu gebärden, so geschieht es nur, um unter diesem heuchlerischen Vorwande im blutigen Kriege die Vorherrschaft am Balkan wieder zu erobern. Der Kongreß erwartet, daß das erstarkende städtische und ländliche Proletariat Rußlands, Finnlands und Polens dieses Lügengewebe zerreißen, sich jedem kriegerischen Abenteuer des Zarismus widersetzen, jeden Anschlag des Zarismus, sei es auf Armenien, sei es auf Konstantinopel, bekämpfen und seine ganze Kraft auf die Erneuerung des revolutionären Befreiungskampfes gegen den Zarismus konzentrieren wird. Ist doch der Zarismus auch die Hoffnung aller reaktionären Mächte Europas, der grimmigste

Feind der Demokratie der von ihm beherrschten Völker selbst, dessen Untergang herbeizuführen die gesamte Internationale als eine ihrer vornehmsten Aufgaben ansehen muß.

Die wichtigste Aufgabe innerhalb der Aktion der Internationale fällt aber der Arbeiterklasse Deutschlands, Frankreichs und Englands zu. Im Augenblicke ist es die Aufgabe der Arbeiter dieser Länder, von ihren Regierungen zu verlangen, daß sie sowohl Österreich-Ungarn als auch Rußland jede Unterstützung verweigern, sich jeder Einmengung in die Balkanwirren enthalten und unbedingte Neutralität bewahren. Ein Krieg zwischen den drei großen führenden Kulturvölkern wegen des serbisch-österreichischen Hafenstreites[26] wäre verbrecherischer Wahnsinn. Die Arbeiter Deutschlands und Frankreichs können nicht anerkennen, daß irgendeine durch geheime Verträge herbeigeführte Verpflichtung besteht, in den Balkankonflikt einzugreifen.

Sollte aber in weiterer Folge der militärische Zusammenbruch der Türkei zur Erschütterung der osmanischen Herrschaft in Vorderasien führen, dann ist es die Aufgabe der Sozialisten Englands, Frankreichs und Deutschlands, sich mit aller Kraft der Eroberungspolitik in Vorderasien zu widersetzen, die geraden Weges zum Weltkriege führen müßte. Als die größte Gefahr für den Frieden Europas betrachtet der Kongreß die künstlich genährte Gegnerschaft zwischen Großbritannien und dem Deutschen Reich. Der Kongreß begrüßt daher die Bemühungen der Arbeiterklasse der beiden Länder, diesen Gegensatz zu überbrücken. Er betrachtet als das beste Mittel zu diesem Zwecke die Abschließung eines Übereinkommens zwischen Deutschland und England über die Einstellung der Flottenrüstungen und über die Abschaffung des Seebeuterechtes. Der Kongreß fordert die Sozialisten Englands und Deutschlands auf, ihre Agitation für ein solches Übereinkommen fortzusetzen.

Die Überwindung des Gegensatzes zwischen Deutschland auf der einen, Frankreich und England auf der anderen Seite würde die größte Gefahr für den Weltfrieden beseitigen, die

Machtstellung des Zarismus, der diesen Gegensatz ausbeutet, erschüttern, einen Überfall Österreich-Ungarns auf Serbien unmöglich machen und der Welt den Frieden sichern. Auf dieses Ziel vor allem sind daher die Bemühungen der Internationale zu richten.

Der Kongreß stellt fest, daß die ganze sozialistische Internationale über diese Grundsätze der auswärtigen Politik einig ist. Er fordert die Arbeiter aller Länder auf, dem kapitalistischen Imperialismus die Kraft der internationalen Solidarität des Proletariats entgegenzustellen. Er warnt die herrschenden Klassen aller Staaten, das Massenelend, das die kapitalistische Produktionsweise herbeiführt, durch kriegerische Aktionen noch zu verschärfen. Er fordert nachdrücklich den Frieden. Die Regierungen mögen nicht vergessen, daß sie bei dem gegenwärtigen Zustand Europas und der Stimmung der Arbeiterklasse nicht ohne Gefahr für sie selbst den Krieg entfesseln können, sie mögen sich daran erinnern, daß der Deutsch-Französische Krieg den revolutionären Ausbruch der Kommune im Gefolge hatte, daß der Russisch-Japanische Krieg[27] die revolutionären Kräfte der Völker des russischen Reiches in Bewegung gesetzt hat, daß die militärischen und maritimen Wettrüstungen den Klassenkonflikten in England und auf dem Kontinent eine unerhörte Zuspitzung gegeben und riesige Arbeitseinstellungen entfesselt haben. Es wäre Wahnwitz, wenn die Regierungen nicht begreifen würden, daß schon der bloße Gedanke der Ungeheuerlichkeit eines Weltkrieges die Entrüstung und Empörung der Arbeiterklasse hervorrufen muß. Die Proletarier empfinden es als ein Verbrechen, aufeinander zu schießen, zum Vorteile des Profits der Kapitalisten, des Ehrgeizes der Dynastien oder zu höherer Ehre diplomatischer Geheimverträge.

Wenn die Regierungsgewalten jede Möglichkeit der normalen Fortentwicklung abschneiden und dadurch das Proletariat zu verzweifelten Schritten treiben sollten, würden sie selbst die ganze Verantwortung für die Folgen der durch sie herbeigeführten Krise zu tragen haben.

Die Internationale wird ihre Anstrengungen verdoppeln, um diese Krise zu verhindern, sie wird ihren Protest mit immer stärkerem Nachdruck erheben, ihre Propaganda immer energischer und umfassender gestalten. Der Kongreß beauftragt darum das Internationale Sozialistische Büro, mit um so größerer Aufmerksamkeit die Ereignisse zu verfolgen und, was immer eintreten möge, die Verbindung zwischen den proletarischen Parteien aufrechtzuerhalten und zu verstärken.

Das Proletariat ist sich bewußt, in diesem Augenblick der Träger der ganzen Zukunft der Menschheit zu sein. Um die Vernichtung der Blüte aller Völker zu verhindern, die von allen Greueln des Massenmordes, der Hungersnot und Pestilenz bedroht ist, wird das Proletariat all seine Energie aufwenden.

So wendet sich der Kongreß an Euch, Proletarier und Sozialisten aller Länder, daß Ihr in dieser entscheidenden Stunde Eure Stimme vernehmen lasset! Verkündet Euren Willen in allen Formen und in allen Orten, erhebt Euren Protest mit voller Wucht in den Parlamenten, vereinigt Euch in Massen zu großen Kundgebungen, nützt alle Mittel aus, die Euch die Organisation und die Stärke des Proletariats in die Hand geben! Sorgt dafür, daß die Regierungen beständig den wachsamen und leidenschaftlichen Friedenswillen des Proletariats vor Augen haben! Stellt so der kapitalistischen Welt der Ausbeutung und des Massenmordes die proletarische Welt des Friedens und der Verbrüderung der Völker entgegen!«

Register

Anmerkungen

1 In dem Werk »*Der Imperialismus als höchstes Stadium des Kapitalismus*« setzt Lenin die von Karl Marx im »Kapital« vorgenommene Untersuchung des Kapitalismus fort und legt eine umfassende wissenschaftliche Analyse des Imperialismus als des höchsten und zugleich letzten Stadiums in der Entwicklung des Kapitalismus vor. Durch diese Analyse bereichert er die sozialistische Revolutionstheorie. Besondere Bedeutung hat seine Entdeckung vom verstärkten Wirken des Gesetzes der ungleichmäßigen ökonomischen und politischen Entwicklung des Kapitalismus in der Epoche des Imperialismus.

Intensiv wandte sich Lenin der Erforschung der Probleme des Imperialismus Mitte 1915 in Bern zu; die Abfassung des Buches nahm er im Januar 1916 in Angriff. In der ersten Februarhälfte 1916 übersiedelte er nach Zürich, wo er die Sammlung und Bearbeitung von Materialien über den Imperialismus fortsetzte. Während seiner Arbeit in der Züricher Kantonsbibliothek ließ er sich auch aus anderen Städten Bücher kommen. Die Auszüge, Konspekte, Bemerkungen und Tabellen, die er aus Hunderten ausländischer Bücher, Zeitschriften, Zeitungen und statistischen Sammelbänden zusammentrug, umfassen mehr als 50 Druckbogen. Diese Vorarbeiten wurden 1939 unter dem Titel »Hefte zum Imperialismus« (Werke, Bd. 39) veröffentlicht.

Am 19. Juni (2. Juli) 1916 beendete Lenin die Arbeit und schickte das Manuskript an den Petrograder Verlag »Parus«. Die Menschewiki in der Leitung des Verlags strichen die scharfe Kritik an Kautsky und Martow und nahmen Änderungen im Manuskript vor, die nicht nur die Eigenart des Stils verwischten, sondern auch Lenins Gedanken entstellten. Den Ausdruck »Hinüberwachsen« (des Kapitalismus in den Imperialismus) ersetzten sie durch »Verwandlung«, die Worte »reaktionärer Charakter« (der Theorie des »Ultraimperialismus«) durch »rückständiger Charakter« usw. Mitte 1917 wurde das Buch unter dem Titel »Der Imperialismus als jüngste Etappe des Kapitalismus (Gemeinverständlicher Abriß)« mit dem Vorwort vom 26. April 1917 veröffentlicht. 7

2 Vorl. Band, S. 139. 8

3 Dieses Vorwort wurde unter der Überschrift »Imperialismus und

Kapitalismus« erstmals in Nr. 18 der Zeitschrift »Die Kommunistische Internationale« veröffentlicht, die im Oktober 1921 erschien. 10

4 *Frieden von Brest-Litowsk* – der zwischen Sowjetrußland und den Mächten des Vierbundes (Deutschland, Österreich-Ungarn, Bulgarien und Türkei) am 3. März 1918 in Brest-Litowsk unterzeichnete und am 15. März vom Außerordentlichen IV. Gesamtrussischen Sowjetkongreß ratifizierte Friedensvertrag.

Nach der Novemberrevolution 1918 in Deutschland, die die Monarchie stürzte, annullierte das Gesamtrussische Zentralexekutivkomitee am 13. November den räuberischen Brester Vertrag. 12

5 *Frieden von Versailles* – imperialistischer Vertrag, den die Entente Deutschland aufzwang, das im ersten Weltkrieg eine Niederlage erlitten hatte. Er wurde am 28. Juni 1919 in Versailles (Frankreich) unterzeichnet. 12

6 Siehe vorl. Band, S. 147–155. 13

7 *Unabhängige Sozialdemokratische Partei Deutschlands* – im April 1917 gegründete Arbeiterpartei mit zentristischer Führung, deren Kern die Sozialdemokratische Arbeitsgemeinschaft bildete. Im Oktober 1920 kam es auf dem Parteitag der USPD in Halle zur Spaltung. Ein beträchtlicher Teil der Partei vereinigte sich im Dezember 1920 mit der Kommunistischen Partei Deutschlands. Die rechten Elemente bildeten eine eigene Partei und behielten die alte Bezeichnung Unabhängige Sozialdemokratische Partei bei. 1922 schlossen sie sich wieder der Sozialdemokratischen Partei Deutschlands an. 15

8 *Spartakusleute* – gemeint sind die Mitglieder der Kommunistischen Partei Deutschlands (Spartakusbund). Bereits zu Beginn des ersten Weltkrieges schlossen sich die deutschen Linken unter Führung von Karl Liebknecht, Rosa Luxemburg, Franz Mehring, Clara Zetkin, Wilhelm Pieck u. a. zur Gruppe »Internationale« zusammen. Diese Gruppe formierte sich auf ihrer Reichskonferenz im Januar 1916 als »Spartakusgruppe« und nahm als Programm zur revolutionären Beendigung des Krieges die von Rosa Luxemburg und Karl Liebknecht entworfenen »Leitsätze über die Aufgaben der internationalen Sozialdemokratie« an. Die Spartakusgruppe, deren großes historisches Verdienst darin besteht, den Grundstein für die Kommunistische Partei Deutschlands gelegt zu haben, trieb unter den Massen revolutionäre Propaganda und organisierte Massenaktionen gegen den imperialistischen Krieg; sie entlarvte die

Eroberungspolitik des deutschen Imperialismus und den Verrat der opportunistischen sozialdemokratischen Führer. Sie war die ideologisch führende Kraft unter den deutschen Linken. In wichtigen theoretischen und politischen Fragen waren die Spartakusanhänger jedoch nicht frei von ernsten Fehlern. Sie unterschätzten die Rolle der nationalen Frage im Imperialismus sowie die Bauernschaft als Verbündeten des Proletariats. Die Unklarheit der Spartakusgruppe über die Rolle einer selbständigen marxistischen Kampfpartei der Arbeiterklasse äußerte sich darin, daß sie sich 1917 – wenn auch mit dem Vorbehalt, ihre politisch-ideologische Selbständigkeit zu wahren – der zentristischen USPD anschloß. Lenin hob die großen Verdienste der deutschen Linken im Kampf gegen den imperialistischen Krieg stets hervor, übte aber zugleich Kritik an ihren Fehlern, u. a. in seinen Schriften »Über die Junius-Broschüre« (Werke, Bd. 22, S. 310–325) und »Das Militärprogramm der proletarischen Revolution« (Werke, Bd. 23, S. 72–83). Die kameradschaftliche Kritik half der Spartakusgruppe, sich den Leninschen Anschauungen über den antiimperialistischen Kampf zu nähern. Auf ihrer Reichskonferenz am 7. Oktober 1918 beschloß die Spartakusgruppe das Programm der herannahenden Revolution, in der sie sich zusammen mit anderen Linken als einzige ziel- und richtunggebende Kraft bewährte. Während der Novemberrevolution 1918 brach die Spartakusgruppe auch organisatorisch mit der USPD und gründete Ende Dezember die Kommunistische Partei Deutschlands (Spartakusbund). 15

9 *Versailler* – Anhänger der französischen Bourgeoisie und ihrer Regierung Thiers, die während der Pariser Kommune von 1871 aus Paris nach Versailles flüchteten. Die Versailler schlossen zur Erhaltung ihrer Klassenherrschaft einen schmählichen Frieden mit der preußischen Okkupationsarmee, die noch kurz zuvor ihr Feind gewesen war, und schlugen mit ihrer Hilfe die Pariser Kommune blutig nieder. 16

10 *Kommunarden* – Teilnehmer der Pariser Kommune von 1871 (der ersten Regierung der Diktatur des Proletariats), die heroisch gegen ihre Bourgeoisie für die Diktatur des Proletariats und gegen die preußische Okkupationsarmee für ein freies, unabhängiges Frankreich kämpften. 16

11 *Spanisch-Amerikanischer Krieg (1898)* – imperialistischer Krieg der Vereinigten Staaten von Amerika gegen Spanien; er endete mit dem Pariser Friedensvertrag vom 10. Dezember 1898, durch den

Spanien die Inseln Kuba, Guam, Puerto Rico und die Philippinen verlor. 19

12 *Burenkrieg (1899–1902)* – Krieg Englands gegen die Burenrepubliken Transvaal und Oranje in Südafrika. 19

13 Gemeint sind die Resolution des Chemnitzer Parteitags der deutschen Sozialdemokratie über den Imperialismus und die Stellung der Sozialisten zum Krieg, angenommen am 20. September 1912, sowie das »Manifest der Internationale zur gegenwärtigen Lage«, angenommen auf dem Außerordentlichen Internationalen Sozialistenkongreß zu Basel 1912. 19

14 Karl Marx: Das Kapital. Dritter Band. In: MEW, Bd. 25, S. 620. 44

15 Die *Gründerskandale* ereigneten sich in der sogenannten Gründerzeit, Anfang der siebziger Jahre des vorigen Jahrhunderts, als in Deutschland fieberhaft Aktiengesellschaften gegründet wurden. An diesen Gründungen, die von wilden Grundstücks- und Börsenspekulationen begleitet waren, bereicherten sich bürgerliche Geschäftemacher, die dabei auch vor Betrugsmanövern nicht zurückscheuten. 46

16 Gemeint ist Georgi Plechanow. 57

17 *Französischer Panamaskandal* – ein Ausdruck, entstanden im Zusammenhang mit der 1892/1893 in Frankreich erfolgten Enthüllung ungeheuerlicher Korruption und Bestechung von Staatsmännern und Politikern, Beamten und Zeitungen durch die französische Panama-Gesellschaft. 67

18 Vorl. Band, S. 90/91. 97

19 MEW, Bd. 29, S. 358. 122

20 MEW, Bd. 35, S. 20. 122

21 MEW, Bd. 35, S. 357. 122

22 *Gesellschaft der Fabier* – eine reformistische Organisation, die 1884 in England gegründet wurde. Sie nannte sich nach dem römischen Feldherrn Fabius Cunctator (»der Zauderer«), bekannt durch seine abwartende Taktik und sein Ausweichen vor Entscheidungsschlachten. Die Mitglieder der Gesellschaft waren vorwiegend Vertreter der bürgerlichen Intelligenz: Wissenschaftler, Schriftsteller, Politiker. Sie leugneten die Notwendigkeit des proletarischen Klassenkampfes und der sozialistischen Revolution und predigten den friedlichen Übergang vom Kapitalismus zum Sozialismus mittels kleiner Reformen. Im ersten Weltkrieg waren die Fabier Sozialchauvinisten. Eine Charakteristik der Fabier findet sich in Lenins Vorwort zur russischen Übersetzung des

Buches »Briefe und Auszüge aus Briefen von Joh. Phil. Becker, Jos. Dietzgen, Friedrich Engels, Karl Marx u. A. an F. A. Sorge und Andere« (Werke, Bd. 12, S. 368/369), in »Das Agrarprogramm der Sozialdemokratie in der russischen Revolution« (Werke, Bd. 15, S. 171) und in »Der englische Pazifismus und die englische Abneigung gegen die Theorie« (Werke, Bd. 21, S. 258). 125

23 Siehe Karl Marx: Das Kapital. Dritter Band. In: MEW, Bd. 25, S. 130. 130

24 *Boxeraufstand* – antiimperialistischer Volksaufstand in China von 1899 bis 1901, den die Gesellschaft »Faust der Gerechtigkeit und Eintracht« entfachte und leitete. Er wurde durch ein vereinigtes Expeditionskorps aus deutschen, japanischen, englischen, amerikanischen und russischen Truppen unter dem Oberbefehl des deutschen Feldmarschalls von Waldersee brutal niedergeschlagen. China mußte ein »Schlußprotokoll« unterzeichnen, das ihm riesige Kontributionen auferlegte und es zu einer Halbkolonie imperialistischer Länder machte. 137

25 Gemeint ist der erste Balkankrieg (Oktober 1912–Mai 1913), den Bulgarien, Serbien, Griechenland und Montenegro gegen die Türkei führten und der mit einer Niederlage des türkischen Reiches endete. Dieser Krieg war in seiner Haupttendenz ein nationaler Befreiungskrieg gegen die türkische Fremdherrschaft auf dem Balkan. Infolge der Einmischung der imperialistischen Großmächte gefährdete er den Frieden in Europa. 149

26 Eines der Kriegsziele Serbiens im Balkankrieg war die Besetzung Albaniens, um einen Zugang zur Adria zu gewinnen und dadurch von der österreichisch-ungarischen Monarchie wirtschaftlich weitgehend unabhängig zu werden. Auf Intervention Österreich-Ungarns und Italiens, die beide nach der Vorherrschaft in der Adria strebten, wurde nach dem Balkankrieg ein autonomer albanischer Staat unter der Kontrolle der europäischen Großmächte geschaffen. 153

27 Der *Russisch-Japanische Krieg,* der um die Neuverteilung der Einflußsphären im Fernen Osten geführt wurde, dauerte vom 8. Februar 1904 bis 5. September 1905. 154

Verzeichnis der Zeitungen
und Zeitschriften

The Annals of the American Academy of Political and Social Science
(Jahrbücher der Amerikanischen Akademie für Staats- und Sozialwissenschaften) – Zeitschrift, Philadelphia, seit 1890

Die Bank – Monatshefte für Finanz- und Bankwesen, Berlin,
1908–1943

The Daily Telegraph (Der Tagestelegraf) – liberale, seit den achtziger
Jahren konservative Tageszeitung, London – Manchester, seit 1855;
die Zeitung erscheint ab 1937, nach der Vereinigung mit der 1772
gegründeten »Morning Post«, unter dem Titel »The Daily Telegraph
and Morning Post«
Der deutsche Ökonomist – Zeitschrift, Berlin, 1883–1935

Frankfurter Zeitung – bürgerliche Tageszeitung, Frankfurt a. M.,
1856–1943

Journal of the Royal Statistical Society (Journal der Königlichen
Statistischen Gesellschaft) – London, seit 1838

Die Neue Zeit – Zeitschrift der deutschen Sozialdemokratie, Stuttgart, 1883–1923

The Statist (Der Statistiker) – Wochenschrift für Finanz- und
Bankwesen, London, seit 1878

Namenverzeichnis

Sachregister

Inhalt